Nicole Herr

100 fiches pratiques pour exploiter la presse en classe

Cycles 2 et 3

RETZ

1, rue du Départ
75014 PARIS

Je remercie :

Les enfants et les enseignants

de la 5e circonscription de Marseille qui ont travaillé avec les fiches ainsi que tous ceux des villes et des villages qui m'ont envoyé leurs journaux scolaires.

Le CLEMI

(Centre de liaison entre l'Éducation nationale et les moyens d'information)
qui m'a aidée par sa documentation très riche, ses nombreuses productions vulgarisées et ses stages nationaux. Outre une meilleure connaissance des médias et des métiers de la communication, le CLEMI m'a permis de rencontrer des enseignants d'horizons pédagogiques et géographiques divers, de la maternelle à l'université, des gens du livre, des personnes du monde de la presse écrite et parlée, tous très motivés par l'introduction des médias à l'école.

Conception graphique : Primart

Illustrations : Michel Fayaud

Correction : Lise Rubinstein

Photocomposition/P.A.O. : Nord Compo

Sommaire

PREMIERE PARTIE

DEUXIEME PARTIE

TROISIEME PARTIE

PREMIERE PARTIE

Avant d'introduire la presse dans la classe

L'ÉCRIT

La découverte de l'écrit en famille

Les revues TV, les catalogues, les prospectus, les hebdomadaires gratuits, les publicités, les annuaires, les livres divers… et le journal appartiennent à la vie quotidienne de l'enfant.
Dès sa naissance, il voit différentes personnes utiliser ces supports, pour des raisons qu'il ignore et qui lui donnent l'impression que ces objets-là sont pour « les grands ».
C'est à l'adulte de créer le contact entre le jeune enfant et l'écrit, de désacraliser la chose écrite, en lui favorisant une libre entrée dans ce monde inconnu.
L'enfant adopte alors le même comportement à l'égard d'un support d'écrit que de tout objet nouveau ; il le vit sensoriellement pour se l'approprier : il touche, sent, goûte, piétine, froisse, écoute, jette, déchire, fait voler, trempe…
Cette étape est nécessaire : le journal, souvent jeté après avoir été lu, pourrait être source de bien des joies pour l'enfant ! À l'adulte de choisir les supports qui peuvent être sacrifiés sur l'autel de la lecture…

La découverte des fonctions de l'écrit dont celui du journal

L'adulte observe l'évolution des relations de l'enfant avec les supports d'écrits. Quand il constate que l'attrait « sensoriel » s'épuise, il assure des relances diverses pour ouvrir de nouvelles pistes. Ainsi :

La lecture avec l'adulte, qui propose de nouveaux supports, sources d'étonnement et d'investigation, remobilise l'attention de l'enfant.

La lecture à haute voix aide l'enfant à prendre peu à peu conscience que l'écrit a du sens et, si elle s'accompagne d'actions, fait apparaître nettement le rôle des écrits. Par exemple décider une sortie au spectacle après avoir consulté le journal, réaliser un gâteau après avoir lu la recette…

La participation des enfants à la « vie des écrits » ajoute, au plaisir de rendre service à l'adulte (apporter le dictionnaire pour vérifier l'orthographe d'un mot, chercher le journal pour consulter des résultats sportifs), la curiosité et l'intérêt pour les écrits.

La parenthèse délicieuse du moment de lecture crée des souvenirs de quiétude, de complicité, de joies : s'installer dans un endroit douillet, à un moment privilégié de la journée (fin de la journée, avant la sieste...), dans une atmosphère souriante et détendue, vivre un « instant magique » durant lequel l'enfant assiste au « spectacle » de la lecture, théâtralisée par les intonations, la hauteur de la voix, les mimes, les réactions...

L'incitation à s'approprier le pouvoir du lire, par le discours sur les « drôles de signes » que sont les lettres (lesquelles, mises dans un certain ordre, forment des mots lesquels, mis dans un certain ordre, racontent tant d'histoires différentes et passionnantes), va susciter chez l'enfant le désir de s'ouvrir les voies qui conduisent à la lecture.

La mise en évidence de l'omniprésence de l'écrit va faire cheminer chez l'enfant l'idée que *l'écrit est indispensable* pour nous informer, nous conseiller, nous faire des propositions, nous détendre, nous rendre service, nous faire rêver, etc.

LA COMMUNICATION

Lire, c'est pouvoir entrer en liaison avec des mondes, des personnages, des pensées, des données diverses et les comprendre.
Produire, c'est transmettre des informations pour partager avec un public large ou restreint des impressions, des idées, des expériences et faire agir ou réagir ce public.

Lire et produire sont des actes de communication, or tous les enfants n'ont pas spontanément envie de cette forme de relation. L'école est là pour les aider en créant autour d'eux des réseaux de communication variés et élargis dans lesquels ils s'intègrent et où ils ont le désir et les moyens de recevoir et de transmettre des informations.

L'atmosphère et l'aménagement de la classe

La classe est un lieu de communication : son atmosphère et son aménagement favorisent la communication si chaque enfant se sent en confiance et en sécurité. Pour être à l'aise, il doit bien connaître les lieux et les personnes qui l'entourent, participer le plus possible à l'élaboration de son environnement, avoir des responsabilités, être autonome dans des tâches matérielles et pédagogiques, construire ses savoirs à son rythme pour ne pas se trouver en situation d'échec, pouvoir s'exprimer et rencontrer l'écoute.

L'organisation de l'espace induit une pédagogie mais aussi un mode de relation pédagogique et humaine. L'espace doit être aménagé

pour faciliter la communication sous des formes différentes et évoluer en fonction des situations : une disposition en arc de cercle sera propice à une table ronde, un débat, une discussion de coopération, un forum ; un groupement de bureaux favorisera les échanges en équipes restreintes pour une réalisation, une recherche…
La possibilité d'une libre circulation est à prévoir dans tous les cas et l'accès autorisé au matériel est indispensable.
Les rythmes de travail des enfants étant différents, l'espace doit être conçu pour que le temps puisse être géré individuellement : un enfant dont la tâche est terminée doit pouvoir se rendre à la bibliothèque, dans un atelier pour ne pas gêner le groupe.

Les situations proposées dans la classe

Elles déclenchent la communication – se rencontrer pour le plaisir – manger, se promener, aller à un spectacle créent des liens et une ambiance propices aux échanges.
Cependant des *tâches scolaires* sont elles aussi l'occasion de communiquer : projets réalisés en équipes plus ou moins restreintes, situations-problèmes (voir plus loin les séquences proposées), correspondances diverses…
Pour que les réseaux se diversifient, il est recommandé de favoriser *l'alternance de groupes* « affectifs », où des amis travaillent ensemble, avec des groupes « de besoin », où les enfants ont un niveau proche dans une discipline, et des groupes « d'intérêt », où les enfants sont réunis par l'attrait exercé par la tâche proposée.

Remarque

Une classe à gestion coopérative est particulièrement riche en situations diversifiées de communication.

L'ouverture de la classe sur l'extérieur

Des projets aident l'enfant à connaître *son cadre de vie* : visites, sorties, rencontres, enquêtes, interviews, reportages, parcours d'orientation… et l'étude de la presse.

Le contact d'intervenants ponctuels ou/et permanents le familiarise avec des personnes d'horizons sociaux et géographiques différents : partenaires éducatifs, partenaires associatifs, gens de spectacles, partenaires de la presse… les familles étant des partenaires privilégiés.
Pour découvrir *l'environnement lointain,* les médias, les voyages, les documents, les moyens audiovisuels sont autant de possibilités.

Les échanges par *la correspondance scolaire,* à titre individuel ou collectif, avec des enfants d'autres quartiers, d'autres régions, d'autres pays créent des liens et une attente impatiente du courrier, d'un journal scolaire et, peut-être, de la rencontre.

La classe s'intéresse, par l'intermédiaire notamment de l'étude de la presse, aux *grands problèmes actuels* en France et dans le monde, qui sont traités selon l'âge et le niveau des enfants.
Des activités permettent de s'informer et de réfléchir ensemble, de rechercher des solutions, de faire des propositions, de participer à certaines actions, de développer la solidarité, d'espérer : exposition sur les énergies, débat sur la drogue, table ronde sur le gaspillage, conférence sur la faim dans le monde, vidéo sur l'équilibre écologique, émission sur le chômage, film sur le tiers monde...

L'entraînement systématique à la communication

Il enrichit les échanges spontanés et les rend plus efficaces.
Progressivement, l'enfant s'approprie les *« lois »* de la communication : demander la parole, savoir écouter, prendre en compte et respecter ce que dit l'autre, s'autolimiter dans la durée d'une intervention, utiliser le non-verbal pour anticiper et mieux saisir le sens d'un discours...

Graduellement, les acquis de vocabulaire et la connaissance des *« règles »* du fonctionnement de la langue le rendent capable de faire passer son message, quels que soient l'interlocuteur, la situation, le sujet traité, l'objectif, les circonstances et la forme, orale ou écrite.
Il est nécessaire que l'enfant différencie les techniques de la communication *directe* et *différée.*

L'école comme lieu de communication

Chaque enfant appartient à des microsociétés scolaires qui s'imbriquent les unes dans les autres, coexistent, se succèdent : le groupe, l'équipe, l'atelier, la classe, l'école, et l'enfant se repérera et se sentira bien si les modes de vie y sont harmonisés.
Cet objectif ne sera atteint que si l'équipe des adultes qui entourent l'enfant est unie par le désir de créer un système cohérent dont il soit le centre.

Aussi, sous réserve que la sécurité soit respectée, *la composition et la fonction des différentes places* lui sont connues et accessibles.
La BCD (bibliothèque centre de documentation) peut devenir une intéressante plaque tournante : lieu ressource à la libre disposition

des enfants selon leurs besoins mais aussi lieu de rencontres, d'échanges, de détente au sein de groupes diversement composés. Il est bon également que chaque enfant sache qui sont les *personnes permanentes ou temporaires* qui participent à la vie de l'école et auxquelles il peut avoir recours.
Un organigramme comportant leur nom, leurs attributions, les lieux et les horaires où il est possible de les joindre, leur numéro de téléphone, etc. pourra être remis à l'enfant et à sa famille.

Des moments interclasses, cycles, intercycles sont sources d'échanges: ateliers de travaux manuels, groupes de soutien, rendez-vous sportifs...

Des événements mobilisent des enfants d'âges et de niveaux différents: fête, sortie, kermesse, participation à un concours, fabrication d'un journal scolaire, aide au tiers monde, journée de l'environnement...
Connaître, comprendre, communiquer, c'est déjà se comporter en citoyen.

LA CITOYENNETÉ

Si l'objectif de l'école est de former des citoyens libres, autonomes et responsables, alors l'introduction de la presse, dans le respect du *pluralisme,* est un élément essentiel pour atteindre ce but. En effet, l'étude de la presse ouvre l'enfant aux réalités du monde contemporain et lui permet de se situer dans un monde qui se diversifie et se complexifie: elle l'aide à s'approprier les clefs pour décrypter les messages nombreux que la société lui envoie quotidiennement et à décoder le fonctionnement socio-économique de son univers.
C'est une mise en ordre qui déterminera des actions présentes ou futures.

Avant d'agir, *l'enfant s'imprègne des grandes mutations actuelles* et réfléchit à leurs conséquences: l'infiniment grand planétaire et l'infiniment petit cellulaire qui ouvrent bien des perspectives ; la grande mobilité dans l'espace par la rapidité des moyens de transport qui change la vie professionnelle et les loisirs ; la nouvelle relation au temps par l'allongement de la durée de vie qui pose de nouveaux problèmes de société ; l'évolution des proportions entre le temps de travail et le temps de repos ; les techniques de communication de plus en plus performantes qui permettent la transmission quasi instantanée d'informations en provenance de tous les points du globe ; la transparence qui devient une demande essentielle et crée des bouleversements dans bien des domaines: les tabous sautent dans les sociétés, les familles ; le règne des certitudes qui prend fin et l'instabilité qui s'installe dans beaucoup de domaines: le chômage, le changement des structures familiales, la faim dans le monde, la montée de la pauvreté, l'insécurité, la drogue, les dangers nucléaires, les menaces sur l'environnement...

L'enfant qui ressent ces transformations s'inquiète, aussi l'école doit-elle écouter les vraies questions, démythifier les angoisses, laisser s'exprimer les craintes, faire naître une réflexion positive pour éviter la désespérance, aider à prendre conscience qu'un nouveau projet de société se dessine dans lequel les jeunes ont un rôle essentiel à jouer car ils sont et seront des décideurs, l'avenir leur appartient et une destinée ne se subit pas.

« L'être humain n'est pas objet à conformer au désir d'autrui. Il est sujet à informer de la valeur de son être au monde et de son rôle irremplaçable d'esprit pensant, selon ses expériences et ses jugements propres, toujours différents des autres. »

Françoise Dolto, *L'échec scolaire: essais sur l'éducation,* Presses-Pocket, 1990.

Pour devenir un citoyen libre, il faut pouvoir se forger des opinions en toute indépendance d'esprit.
Maîtriser les médias est nécessaire pour être un citoyen libre. Avec le développement rapide de nouveaux moyens de communication, les médias sont les véhicules essentiels de l'information.
Or, entre le moment où l'événement est saisi et son arrivée chez le lecteur, des déformations préjudiciables à l'approche de la vérité peuvent se produire (voir le deuxième exercice de réinvestissement dans la séquence intitulée « Remonter à la source des informations »).
Pour choisir il faut avoir une attitude critique et vigilante face aux messages des médias, diversifier les sources de l'information pour comparer et se faire l'opinion la plus juste possible.

Pour devenir un citoyen autonome, il faut confronter ses idées avec celles d'autres personnes.
Tout article de presse reflète un aspect de la société qui est perçu différemment selon le lecteur, car le sens que chacun donne à un message dépend de ce qu'il est et de ce qu'il sait.

Chaque personne qui a une histoire personnelle particulière traduit à sa manière ce qu'elle a lu (voir les situations-problèmes des séquences « Traiter une information iconique inconnue » et « Décoder le langage publicitaire »).

Pour choisir, il faut connaître d'autres points de vue, avoir un débat d'opinions dans un climat de libre expression, de tolérance, de respect et de prise en compte de la parole de l'autre, adaptant une attitude critique pour comparer les interprétations et essayer de se construire son avis.

Pour devenir un citoyen responsable, il faut assumer des choix.
Il est essentiel de connaître, de comprendre, d'apprendre à se connaître soi-même, à se situer pour déterminer des choix de vie dans le respect de soi, des autres et de l'environnement, en ayant conscience que des décisions personnelles ont des conséquences collectives.

Le journal scolaire, proposé en troisième partie de ce livre, est l'expression de jeunes citoyens libres, autonomes et responsables.
Mais pour être un citoyen actif, compétent et lucide, l'instruction est indispensable.

L'INSTRUCTION

La citoyenneté implique des savoirs et en tout premier lieu celui de lire. En effet il est bien difficile, pour un illettré, de nos jours surtout, de s'intégrer à part entière dans la société. Cependant, actuellement 10 à 15 % des conscrits ne lisent pas correctement.

Et pourtant…
L'enfant très tôt est motivé par la lecture de la presse où des faits sont présentés dans leur contexte réel, dans un temps et un espace familiers. Or, comme l'écrit Paulo Freire, pédagogue brésilien, « la lecture du monde doit toujours précéder celle du mot et la lecture de celui-ci implique la continuité de celui-là. » Ou encore : « Les mots doivent être lourds du sens de leur expérience existentielle. »
Si la presse écrite excite l'appétit de lecture, elle n'offre pas la satiété : le journal, c'est le mouvant, l'éphémère, le nouveau en permanence.
Pour l'enfant, la presse est aussi le passeport pour pénétrer dans l'univers des « grands » : lire le journal comme eux, participer à des conversations sur l'actualité, donner son point de vue et gagner ainsi une place à part entière dans la microsociété familiale.
De plus, l'enfant peut accéder facilement au sens des écrits de presse ; souvent, il a déjà des connaissances sur les sujets traités dans le journal par la radio, la télévision, les conversations de son entourage qui l'aident à comprendre le message.

Par ailleurs, le nombre et la variété des indices non linguistiques (illustrations, mise en page…) facilitent l'entrée dans les contenus de presse aux non-lecteurs. Ces indices, au fur et à mesure de la connaissance de la langue et de son fonctionnement, seront pris en compte d'une manière réflexe et le texte sera privilégié.
Ainsi, quel que soit le niveau de lecture, l'enfant ne connaît pas l'échec : il traite l'information selon ses compétences et la presse offre donc tout naturellement la possibilité de mettre en place une pédagogie différenciée.

La presse qui traite de tous les thèmes qui concernent l'environnement permet d'aborder toutes les autres disciplines.
Chaque concept nouveau est découvert dans une situation authentique qui lui donne son sens, sa valeur, sa fonction.
L'intégration de la nouvelle notion se construit progressivement dans des séquences spécifiques de la discipline concernée (voir les séquences proposées en deuxième partie).
La presse est donc un thème transversal et non pas une discipline : par la lecture des articles apparaît la coordination entre les différents secteurs pédagogiques et la vie sociale et économique.
Les connaissances découvertes ne peuvent pas s'accumuler indéfiniment, Pic de la Mirandole n'existera plus jamais, l'encyclopédisme est désormais du ressort des puces informatiques.
Aussi, à condition que des concepts disciplinaires de base soient acquis, il est aujourd'hui essentiel de pouvoir mobiliser des données déjà installées pour traiter un problème nouveau et de savoir où et comment rechercher l'information nécessaire.
Il s'agit donc d'acquérir des compétences, un savoir-faire, utilisables dans des situations scolaires et extrascolaires, par une méthodologie qui est celle des activités d'éveil où les enfants s'impliquent vraiment.

Dans la deuxième partie de ce livre, les séquences proposées montrent que la presse est un outil privilégié pour aider l'enfant à accéder à de nouvelles connaissances et comment, par l'étude de la presse, l'enfant est conduit à traiter de nombreuses situations de la vie quotidienne.

DEUXIÈME PARTIE

Des séquences pour étudier la presse

DÉMARCHE D'APPROPRIATION D'UN CONCEPT, DE SA DÉCOUVERTE À SON INTÉGRATION

Être motivé pour découvrir

Mettre l'enfant en contact avec la presse, c'est satisfaire sa curiosité pour le monde qui l'entoure.
Lorsque l'enfant est gêné dans son accès au sens d'un message alors qu'il a le désir de comprendre, il fait naturellement des efforts pour découvrir les données qui lui manquent.

Être en situation de découvrir

Cependant l'enfant n'a pas tous les outils pour tout s'approprier par lui-même. Pour éviter qu'il ne se sente en échec, il doit être guidé dans des choix à sa mesure.
Ainsi l'utilisation de la presse à l'école doit-elle s'accompagner de projets pédagogiques du maître qui met en place des programmes d'activités pour l'enfant.
Dans les situations proposées, les notions à acquérir sont intégrées à un contexte qui leur donne leur sens et permettent à l'apprenant de se comporter en chercheur pour découvrir un nouveau savoir avec le maximum de chances de réussite.
Aussi les *acquis d'appui* que l'enfant va utiliser, comme tremplin pour pouvoir émettre des hypothèses valables sur ce qui lui est inconnu, doivent-ils être cernés. Il est bien entendu qu'au-delà de ces acquis chaque enfant met en jeu sa propre stratégie de résolution, à partir de ses ressources personnelles, en provenance de son histoire personnelle, scolaire et extrascolaire.
L'expression « situations-problèmes » désigne des situations qui s'accompagnent de la mise en place d'un dispositif comportant un obstacle à franchir : c'est l'objectif que l'enfant doit atteindre ; il doit être précis et sans ambiguïté.
Même lorsqu'il s'agit de l'acquisition d'une connaissance ou d'un savoir-faire, des objectifs comportementaux sont toujours atteints : attention, observation, concentration, autonomie, initiative, prise de responsabilité, esprit critique, communication…
Le dispositif nécessite un choix judicieux du « matériau » sur lequel l'enfant va exercer sa réflexion.
La consigne va déterminer une attitude face à la tâche. Le choix du verbe a une importance capitale car c'est lui qui va induire l'action de recherche et favoriser l'émergence d'un champ d'hypothèses.
Pendant le déroulement de la séquence, une relance peut revêtir

des formes différentes: objet, paroles, action, pour canaliser ou recentrer les remarques des enfants.
Le temps de recherche se déroule en équipes de 6 à 8 enfants au plus, pour que les hypothèses et les stratégies individuelles puissent être émises, prises en compte, comparées, afin que soit trouvée en commun la réponse la plus adéquate à la situation.
Chacun participe ainsi à la construction de ses savoirs et à la construction du savoir des autres et se constitue un « répertoire de procédés ».
La présence du maître est *indispensable* pendant ces séquences pour animer, coordonner, relancer, détecter des manques, repérer les acquis mal assurés, faire verbaliser les stratégies pour situer les erreurs et réguler ses objectifs pédagogiques en fonction des besoins des enfants.

S'approprier la notion découverte

« Toute acquisition vraie veut du temps et des erreurs. » (Alain)

Un nouveau concept ne sera acquis que lorsque l'enfant le reconnaîtra, quels que soient sa forme et le contexte dans lequel il est utilisé, et qu'il saura l'utiliser dans le cadre de sa découverte puis dans n'importe quelle situation. Pour cela, des étapes de systématisation viseront à installer la notion et des temps de réinvestissement auront pour objectif son utilisation, à court puis à long terme.

La systématisation

Les exercices de systématisation se déroulent dans le cadre disciplinaire de la notion : un concept nouveau découvert en français est systématisé dans cette discipline. Selon la taxonomie d'Hainau, cette étape comporte 3 catégories de travaux :

La reproduction pour manipuler la notion : l'enfant nomme, reproduit, imite, constate, montre, décrit...

La conceptualisation pour vérifier l'installation du concept : l'enfant reconnaît, distingue, identifie, qualifie, associe, caractérise, classe, ordonne, généralise...

L'application de règles pour s'assurer du respect des règles associées au concept.

Le plus souvent ces exercices revêtent la forme de contrôles individuels et peuvent être réalisés en autonomie, hors de la présence du maître.

Le réinvestissement

Les exercices de réinvestissement se déroulent, en majorité, d'abord dans le cadre disciplinaire: l'enfant emploie, recense, critique, fabrique, améliore une performance.
Puis l'acquis est étendu ou transféré à diverses situations scolaires ou extrascolaires à plus ou moins long terme.
Le concept intégré est devenu un acquis d'appui que l'enfant pourra mobiliser pour résoudre une situation-problème et ainsi de suite.
Toute situation-problème est donc un moyen d'évaluer des acquis antérieurs.

ORGANISATION GÉNÉRALE DU FICHIER

Les fiches sont regroupées par 4 en *séquences*:
- 1 fiche porte en titre l'*objectif général* et en sous-titre le *sous-objectif* et développe la *« situation-problème » ;*
- 2 fiches proposent des *exercices* adaptés au degré d'appropriation du concept ;
- 1 fiche est un *document* qui illustre le sujet abordé: à lire attentivement!

L'ordre des séquences n'est pas à respecter; seule la référence aux acquis d'appui est à prendre en compte.

Les sigles GS, CP, CE et CM indiquent:
- d'une part la classe à partir de laquelle la notion exprimée dans la « situation-problème » peut-être découverte;
- d'autre part le niveau requis pour les exercices proposés. Ainsi, les élèves de CM pourront faire tous les exercices proposés, les élèves de CE pourront effectuer tous les exercices à l'exclusion de ceux destinés au CM, les élèves de GS ne pourront faire *que* les exercices de GS...

La durée des exercices est fonction du niveau des enfants et par conséquent du degré d'exploitation possible de l'exercice.
À titre indicatif:
GS = 30' pour traiter une situation-problème.
De 5 à 20' pour des exercices de systématisation.
La durée des exercices de réinvestissement dépend de leur forme: discussion, débat, recherche, application disciplinaire...

Le symbole ✎ correspond aux travaux réalisés par écrit.

RÉPERTOIRE DES SÉQUENCES

L'OBJET JOURNAL 1

Découvrir la variété des contenus d'un quotidien

Acquis d'appui

Connaître pour les avoir manipulés ou/et les avoir vu utiliser des contenus de quelques supports familiers : revue TV, catalogue, livre de conte, BD…

SITUATION-PROBLÈME

Sans les ouvrir, choisir parmi 3 ou 4 supports connus et des quotidiens celui dans lequel on peut trouver des informations aussi différentes que : le bulletin météo, les horaires des spectacles, le programme TV, des recettes de cuisine, des jeux, des résultats sportifs…

Conseils

- veiller à ce qu'une seule catégorie de supports, les quotidiens, réponde à la consigne ;
- proposer des informations qui soient illustrées ou facilement identifiables pour en faciliter la reconnaissance par les enfants au moment de la vérification des hypothèses ;
- insister sur « sans ouvrir » pour obliger l'enfant à mobiliser ce qu'il sait sur les contenus des supports connus et à déduire celui qui peut répondre à la demande.

Déroulement

• Laisser les enfants agir et s'exprimer librement.

• À partir des acquis sont attendues, entre autres, des hypothèses basées sur une *stratégie d'élimination.*

Par exemple :

- le catalogue sert à… et ne parle pas de…
- la revue TV ne donne que les programmes TV.

Donc, c'est dans le journal que l'on doit trouver ces informations.

• Vérifier cette hypothèse ; le maître vérifie devant les enfants car l'objectif de la séquence n'est pas une recherche d'informations.

• Verbaliser la stratégie qui a permis de trouver la réponse.

Conclusion La diversité des contenus d'un quotidien est grande.

à partir de

GS CP CE CM

Pour s'approprier la notion

SYSTÉMATISATION

Reproduction

1. Dans un quotidien dont les pages sont réparties dans différents groupes :
   - énumérer ou noter les informations connues : sports, jeux, cuisine, publicité…
   - entourer les indices de reconnaissance : images, logos, symboles, sigles, mots…
   - constater la grande variété des contenus du journal ;
   - verbaliser l'intérêt de la diversité des informations du quotidien.
2. Avec un quotidien sportif dont les pages sont réparties dans différents groupes :
   - énumérer les informations reconnues ;
   - entourer les indices de reconnaissance ;
   - qualifier les informations ;
   - verbaliser l'intérêt d'un support spécialisé.

Conceptualisation

1. Replacer, sur des supports complets, un ou des extraits préalablement découpés. Justifier ces choix, puis les vérifier.
2. ✎ Fabriquer une grille comparative des contenus de supports différents.
3. ✎ Faire correspondre une information à son ou ses supports possibles.

Application

1. ✎ Construire une enquête pour mettre en évidence la variété des contenus des quotidiens.
2. ✎ Établir au fur et à mesure des découvertes la liste des informations par support.
3. Réaliser des revues de presse sur des thèmes variés à l'aide de photos, titres, articles, en fonction du niveau des enfants.

à partir de

GS CP CE CM

4. Constituer des dossiers de presse en indiquant les supports de provenance et la date.

RÉINVESTISSEMENT

1. S'intéresser aux contenus d'un nombre de plus en plus grand de supports.
2. Selon le projet de lecture, rechercher une information dans le support adéquat. La liste des informations par support et le tableau comparatif sont des aides possibles.
3. Réinvestir ces connaissances dans des situations scolaires et extrascolaires.

INTÉRÊT
Savoir quelles informations attendre d'un quotidien en particulier.

Document d'appoint

Enquête menée par les enfants

Objectif: familiariser les enfants à la diversité des contenus d'un régional.

Public visé: les proches de l'enfant, lecteurs de quotidiens.

L'enquête

1. Contenu de l'enquête

Faire nommer spontanément une dizaine de rubriques de quotidiens.

2. Modalités de l'enquête

L'enquête peut être proposée par :

- des fiches d'enquête mises à disposition à l'école ;
- la remise systématique d'une fiche d'enquête à chaque famille ;
- une annonce en réunion de parents ;
- une interview en direct auprès des personnes concernées, conduite par les enfants.

3. Après l'enquête

- dépouiller les résultats ;
- mentionner les réponses sur un tableau récapitulatif ;
- commenter les données recueillies.

L'OBJET JOURNAL

2

Reconnaître un quotidien

Acquis d'appui

Connaître des contenus du journal.
Savoir reconnaître à leur aspect physique des supports familiers : album, catalogue, revue TV, BD, livre de contes...
Connaître les noms de ces supports.

SITUATION-PROBLÈME

Choisir **le plus rapidement possible**, parmi 4 ou 5 supports familiers comprenant un quotidien du jour, celui qui donne le bulletin météorologique.

Conseils

- disposer les supports en vrac en laissant visible une partie de chacun d'eux ;
- placer le journal replié parmi les supports ;
- proposer une recherche d'*information utile* aux enfants, par exemple connaître le bulletin météo avant une sortie ;
- choisir une information qui ne se trouve que dans le journal ;
- insister sur *« le plus rapidement possible »* pour induire une recherche de stratégie.

Déroulement

• Laisser les enfants agir et s'exprimer librement.

• À partir des acquis sont attendues, entre autres, des hypothèses basées sur :

- la connaissance de l'existence de la rubrique dans le journal ;
- une stratégie d'élimination : le bulletin météo n'est ni dans..., ni dans... ; on doit donc le trouver dans le journal ;
- une stratégie d'identification du journal qui évite toute manipulation : le journal est reconnu parce qu'il est plus... que, ou moins... que, ou parce qu'il n'a pas de couverture, ou toute autre observation, ce qui conduit à énumérer des *caractéristiques physiques* du journal.

Conclusion

Le comportement le plus rapide consiste à :

- situer l'information sans feuilleter les supports ;
- d'un coup d'œil, identifier un support dont on connaît les caractéristiques.

à partir de

GS CP CE CM

Pour s'approprier la notion

SYSTÉMATISATION

Reproduction

1. Parmi des supports connus et des quotidiens, montrer celui qui a le plus de pages, qui est le plus lourd, qui n'a pas de couverture…
2. Constater, par expérience, que le journal salit : en trouver les raisons.
3. Par *mesure* reportée, évaluée la longueur et la largeur d'un quotidien au format tabloïd (= publication dont le format est la moitié d'un format habituel de journal) par rapport à un quotidien au format courant. Conclure.
4. Même exercice, par *surface* reportée. Conclure.

Conceptualisation

1. Ordonner des supports selon des critères différents : taille, poids, épaisseur…
2. Classer des supports par catégories : journaux, revues TV, catalogues…
3. Décrire un quotidien, avec un modèle, puis sans modèle.
4. ✎ Établir, à partir d'un support de référence, un tableau comparatif des caractéristiques physiques de divers supports.
5. ✎ Dessiner différents supports en tenant compte de leurs caractéristiques respectives.

Application

Jeu de portraits avec les supports

1. Je ressemble à…
   J'ai comme lui… (énumérer les points communs) ;
   Mais je n'ai pas… (énumérer les différences) ;
   Que suis-je ?

à partir de

GS CP CE CM

2. Je suis plus lourd que…
Je suis moins épais que…
Que puis-je être ?

3. Je ne suis pas aussi grand que…
Je n'ai pas…
Que puis-je être ?

4. Créer des portraits de supports sur les mêmes principes.

RÉINVESTISSEMENT

1. Approfondir le vocabulaire « sensoriel » caractérisant les supports : poids, taille, format, épaisseur…
2. Améliorer la connaissance sensorielle des supports par des notions mathématiques : nombre de pages, surfaces comparées, mesures…
3. Critiquer l'aspect pratique de différents supports. Par exemple pour le journal : le format qui rend le maintien difficile, les pages libres qui tombent, l'encre qui salit… Réinvestir ces réflexions pour fabriquer un support.
4. Utiliser les acquis sur les caractéristiques physiques des supports pour organiser ou réorganiser la bibliothèque.
Par exemple, classer des supports selon le format, l'épaisseur, le poids…
5. Trouver rapidement le support recherché.

INTÉRÊT
Identifier « d'un coup d'œil » le support dont on a besoin.

Document d'appoint

Retrouver des supports connus

Des rébus

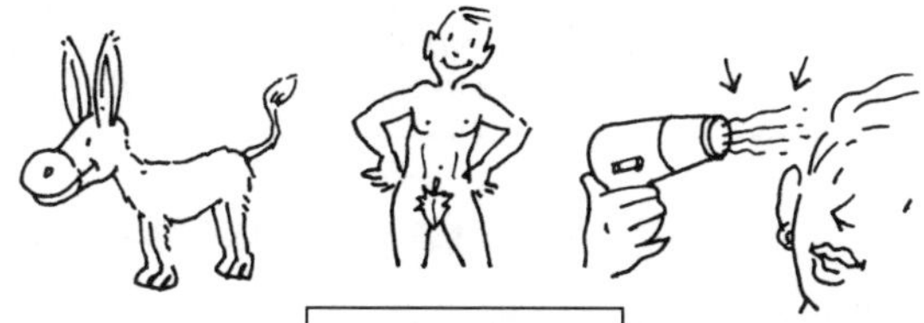

annuaire

catalogue

revue TV

Une charade :

Mon 1^{e} est la 2^{e} lettre de l'alphabet
Mon 2^{e} est la 4e lettre de l'alphabet
Mon tout m'amuse

BD

L'OBJET JOURNAL 3

Connaître les noms des quotidiens de sa région

Acquis d'appui

Connaître le nom de sa ville et de sa région.
Connaître des noms d'autres villes, d'autres régions découverts par la proximité, les médias, les contes…

SITUATION-PROBLÈME

Sans ouvrir les régionaux proposés indiquer celui où il sera possible de trouver une information qui intéresse *surtout* les habitants de notre ville.

Conseils
- choisir des régionaux dont les noms évoquent des villes ou des régions connues des enfants (La Marseillaise à Marseille) ;
- joindre obligatoirement des quotidiens de la région des enfants;
- mettre toutes les « Une » en évidence;
- lire ou faire lire les noms des journaux;
- proposer une situation familière aux enfants qui ne laisse aucune ambiguïté sur le choix d'un quotidien de sa région, par exemple rechercher l'adresse d'un médecin de garde, les horaires d'un film;
- insister sur la condition: « sans ouvrir » pour que la réflexion porte sur les noms des journaux.

Déroulement

• Laisser agir et s'exprimer librement les enfants.
• À partir des acquis sont attendues, entre autres, des hypothèses basées sur:
- une stratégie d'association d'idées : le nom du régional me fait penser à...
- une stratégie d'élimination : l'information intéresse ou non les habitants de...

• Vérifier dans le journal: le maître cherche l'information car ce n'est pas l'objectif de la séquence pour les enfants.
• Verbaliser la stratégie qui a permis de trouver la réponse.

Conclusion

Chaque région a son (ou ses) quotidien(s) dont le nom a un rapport avec la région.

à partir de

GS CP CE CM

Pour s'approprier la notion

SYSTÉMATISATION

Reproduction

1. Sur des « Une » de régionaux de sa région :
   - entourer le nom du régional ;
   - le nommer et l'écrire avec le modèle.
2. Sur les bandeaux des régionaux de sa région, pour mémoriser leurs noms :
   - montrer le nom dit par le maître ;
   - montrer le nom le plus court, puis le plus long…
   - écrire le nom du régional sans modèle ;
   - reconnaître le nom d'un régional à partir de quelques-uns de ses éléments.
3. ✎ À partir de leur première syllabe, compléter les noms des régionaux de sa région.

Conceptualisation

1. Parmi des bandeaux de régionaux de différentes régions, reconnaître ceux de sa région.
2. Parmi des bandeaux de supports différents : revues TV, catalogues, quotidiens, identifier ceux des régionaux de sa région.
3. Chercher l'origine du nom de son régional.
4. ✎ Dans une liste de noms de régionaux et une liste de villes et de régions, relier chaque régional à sa région d'appartenance.
5. Imaginer l'origine des noms de régionaux de différentes régions.

Application

✎ Sur une carte de France des régions :
- inscrire les noms des régionaux de sa région ;
- inscrire des noms de régionaux connus d'autres régions ;
- vérifier avec une carte des régionaux par régions (voir ci-après, le « document d'appoint »).

à partir de

GS	CP	CE	CM	
		▶		1. Étudier l'origine des noms de différents supports de la presse écrite ; à cet égard, les revues TV et les magazines féminins sont intéressants.
		▶		2. En géographie, ajouter à l'étude des villes et des régions la recherche des noms de leurs quotidiens. Situer ces lieux sur une carte ou un globe.
			▶	3. En histoire, suivre l'évolution des noms des régionaux de sa région à travers le temps.
			▶	4. Enquêter sur la naissance des régionaux.
▶				5. Choisir un régional selon l'information recherchée.
▶				6. S'intéresser aux quotidiens de régions différentes lors de vacances, de correspondances avec de la famille éloignée…

RÉINVESTISSEMENT

INTÉRÊT

Savoir dans quel support rechercher certaines informations utiles dans la vie quotidienne.

Document d'appoint

Associer le nom des régionaux à leur région d'appartenance

Un exemple : la région du Centre.

L'OBJET JOURNAL 4

Nommer la fréquence de supports familiers

Acquis d'appui

Connaître des noms de catégories de supports familiers à parution régulière : revues TV, catalogues, journaux hebdomadaires gratuits, magazines de presse enfantine...
Connaître des contenus de ces supports.
Connaître les noms des jours de la semaine.

SITUATION-PROBLÈME

Parmi différents supports familiers, trouver celui qui propose le programme de télévision **sur une semaine**.

Conseils

- proposer des quotidiens dont les dates de parution se suivent au jour le jour ;
- proposer des revues TV dont les dates de parution se succèdent de semaine en semaine ;
- faire précéder la situation d'une réflexion sur l'utilisation de la télévision : en fonction du temps dont on dispose chaque jour, de l'attrait pour certaines émissions, il est nécessaire de s'organiser pour choisir, d'où l'intérêt des supports qui donnent les programmes sur une semaine ;
- insister sur la notion de la durée : *sur une semaine* et faire rappeler les noms des jours.

Déroulement

• Laisser les enfants agir et s'exprimer librement.
• À partir des acquis sont attendues, entre autres, des hypothèses basées sur une stratégie d'élimination des supports qui ne parlent pas de la télévision.
Deux catégories de supports peuvent convenir : les quotidiens et les revues TV.
• Consulter pour chaque support la date de parution et le programme TV proposé.

Conclusion

Les revues TV proposent 7 jours de programmes de télévision et paraissent chaque semaine : ce sont des *hebdomadaires*.
Les régionaux proposent le programme TV du jour et paraissent chaque jour : ce sont des *quotidiens*.

à partir de

GS CP CE CM

Pour s'approprier la notion

SYSTÉMATISATION

Reproduction

1. Oralement, compléter des propositions telles que : un support qui paraît chaque jour est un…
   Donner des noms de quotidiens.
2. Répéter l'exercice en choisissant d'autres fréquences.
3. Parmi des supports différents à parution régulière, montrer celui ou ceux correspondant aux fréquences proposées.
4. ✎ Écrire des noms de supports à parution régulière et indiquer leur fréquence.
5. ✎ Associer des supports à leur fréquence de parution traduite en nombre de jours.

Conceptualisation

1. Classer en fonction de leur fréquence différentes catégories de supports à parution régulière.
2. ✎ Ordonner des supports selon leurs intervalles de parution, du plus court au plus long.

   Quotidien — hebdomadaire — mensuel… →

3. ✎ Entourer, souligner ou colorier de la même façon des noms de supports dont la fréquence est identique.
4. Des situations de recherche d'informations sont proposées : indiquer le nom et la fréquence des supports répondant à la demande. Justifier ces réponses.

Application

✎ Compléter le tableau :

nom du support	catégorie	fréquence
revue TV	hebdomadaire	7 jours

à partir de

GS CP CE CM

RÉINVESTISSEMENT

1. Enrichir le vocabulaire lié aux fréquences. (▶ CE)
2. En mathématiques, structurer le temps par l'étude des fréquences, des périodicités. (▶ CP)
3. Se familiariser avec les hebdomadaires gratuits (présentation, fonction…). (▶ CP)
4. Connaître des supports à parution régulière : annuelle, trimestrielle, mensuelle… et réfléchir sur l'intérêt de ces périodicités. (▶ CE)
5. Savoir se repérer sur un calendrier. (▶ CP)
6. L'abonnement : (▶ CE)
   - le définir ;
   - découper et étudier des bulletins d'abonnement ;
   - réfléchir sur les avantages et les inconvénients des durées possibles d'abonnement ;
   - savoir choisir, selon les projets de lecture, entre un abonnement et un achat immédiat.

INTÉRÊT
- Rechercher une information dans le support adéquat.
- S'abonner en toute connaissance à un support.
- Déterminer la fréquence d'un journal scolaire et juger de l'intérêt d'en proposer des abonnements.

Document d'appoint

Le bulletin d'abonnement

Objectifs

Définir la fonction d'un bulletin d'abonnement.
Émettre des hypothèses sur les contenus du bulletin.

ABONNEZ-VOUS À MOUNIE-REVUE

La revue qui rend les animaux heureux et vous dit tout sur la meilleure façon de nourrir, soigner, distraire nos compagnons.

Faites votre choix après 2 semaines de **lecture gratuite** et retournez le bulletin à

Mounie-Revue
Mazargues 13009 Marseille

Cocher la case correspondante et joindre le règlement à l'ordre de MOUNIE-REVUE

☐ 1 an : 350 F TTC
☐ 6 mois : 190 F TTC

☐ chèque bancaire
☐ chèque postal
☐ mandat

Nom : .... Prénom : ....

Adresse : ....

Code postal : .... Ville : ....

Combien de fois le nom de la revue est-il écrit ? Pourquoi ?
Entourer la durée des abonnements proposés.
Souligner les prix qui accompagnent les durées. Commenter.
Remplir le bulletin.

L'OBJET JOURNAL

5

Manipuler aisément un journal

Acquis d'appui

Savoir déployer un journal, savoir le placer dans le bon sens.
Savoir tourner les pages une à une.
Reconnaître des informations par leurs illustrations (dessins, symboles...).

SITUATION-PROBLÈME

Manipuler **le plus rapidement possible** un journal pour trouver une information.

Conseils

- proposer des régionaux identiques (mêmes noms, mêmes dates) ;
- veiller à ce que les enfants aient la place pour déployer le journal ;
- installer les enfants de façon à ce que le maître puisse contrôler les manipulations ;
- choisir une information illustrée connue de tous les enfants pour que la reconnaissance de l'information ne soit pas un obstacle, la manipulation seule étant à évaluer ; par exemple la météo, les jeux, le programme TV...
- donner et écrire le nom de la rubrique ;
- situer approximativement la rubrique dans le journal (début, milieu, fin) ;
- insister sur l'idée de *rapidité.*

Déroulement

- Laisser agir et s'exprimer librement les enfants.
- Inviter l'enfant à signaler le moment où il a trouvé l'information.
- Verbaliser les stratégies utilisées.
- Comparer les stratégies et s'intéresser à la plus performante par rapport au temps mis pour trouver l'information.

Conclusion

Déduire une *stratégie performante* pour une recherche d'information.

à partir de

GS CP CE CM

Pour s'approprier la notion

SYSTÉMATISATION

Reproduction

À partir des constats de freinage dans la recherche rapide d'une information :

1. Consolider les acquis d'appui : déployer le journal, le placer dans le bon sens, tourner les pages…
2. Manipuler le journal en le *pliant* de différentes façons.
3. Utiliser diverses entrées pour chercher une information : début, milieu, fin du journal.
4. S'entraîner à passer du page à page au feuilletage rapide en améliorant progressivement la vitesse de manipulation.

Conceptualisation

1. Situer et verbaliser les difficultés personnelles de manipulation d'un journal pour mieux les dominer :
   - position incorrecte par rapport au support ;
   - acquis d'appui à consolider ;
   - taille du journal ;
   - feuilles libres qui s'échappent ;
   - pratique du page à page ;
   - ignorance de la localisation de la rubrique ;
   - méconnaissance des repères situés en haut ou en bas des pages : nom de la rubrique, illustration, numéro des pages, etc. ;
   - défaut de maîtrise de la technique du feuilletage.
2. Écrire ce qu'il ne faut pas faire si l'on veut rechercher rapidement une information.

Application

✎ 1. Rédiger collectivement un « code du trouveur rapide d'informations » sous forme d'un texte de type programmatif (voir le « document d'appoint » ci-après).

à partir de

GS CP CE CM

(CE) ✎ 2. Découper les différentes étapes du texte obtenu à l'exercice précédent.
Mélanger les phrases.
Reconstituer un texte cohérent.

RÉINVESTISSEMENT

(GS) 1. Améliorer les compétences de manipulation rapide par des exercices de coordination motrice et de motricité fine.

(CP) 2. Enrichir le vocabulaire lié aux différentes étapes de la manipulation d'un quotidien pour rechercher une information.

(GS) 3. Manipuler aisément le journal dans des lieux et des positions différentes.

(CE) 4. À partir de la liste des freins à l'aisance de manipulation (voir les exercices de conceptualisation) :
- noter ceux qui dépendent du journal (format, pages - libres, repères pas assez mis en évidence, etc.) ;
- proposer des améliorations :
  - par une autre conception de l'objet-journal,
  - par la proposition d'un matériel qui faciliterait la manipulation : lutrin à journal, bâton de soutien ;
- réinvestir ces remarques dans la fabrication d'un journal scolaire.

(GS) 5. Appliquer en les adaptant à des supports divers les « recettes de manipulation rapide ».

INTÉRÊT

Progressivement, manipuler avec aisance et rapidité de nombreux supports d'écrits pour chercher une information.

Document d'appoint

« Code du trouveur rapide d'informations »

En position assise – un journal replié

- S'installer confortablement.
- Déployer le journal.
- Placer la « Une » dans le bon sens, face à soi.
- Déterminer la rubrique d'appartenance de l'information.
- Situer l'emplacement approximatif de la rubrique : début, milieu, fin du journal.

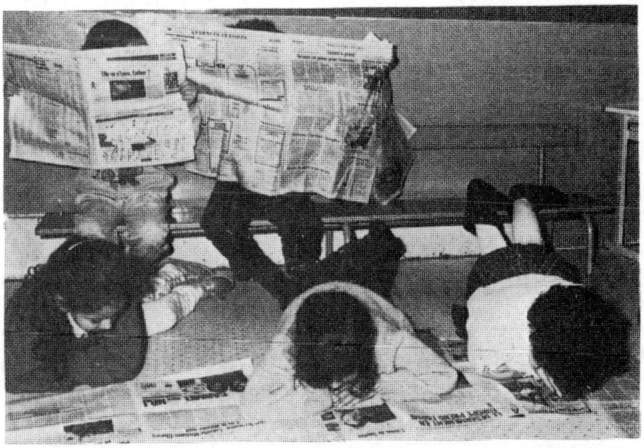

- Connaître l'emplacement d'indices comme les noms des rubriques, les numéros des pages, etc.
- Entrer dans le journal par la « Une » ou la dernière page ou ailleurs, selon la localisation de l'information.
- Soulever les bords inférieurs ou supérieurs des pages par un mouvement de feuilletage rapide en saisissant les indices situés en haut ou en bas des pages.
- Ouvrir le journal en entier quand la page est trouvée.

L'OBJET JOURNAL

6

Percevoir le rôle de la « Une » dans un quotidien

Acquis d'appui

Connaître le nom des régionaux de sa région.
Savoir nommer la « Une » et la dernière page.
Savoir que les pages qui ne sont ni la « Une » ni la dernière page sont les pages intérieures.

SITUATION-PROBLÈME

Comparer la « Une » et des pages intérieures d'un régional pour déduire **la fonction de la « Une »** .

Conseils

- se munir de plusieurs exemplaires d'un même régional ;
- séparer les « Une » des pages intérieures pour faciliter la comparaison ;
- distribuer à chaque enfant la « Une » et quelques pages intérieures ;
- expliciter ce que signifie la fonction, le rôle de la « Une ».

Déroulement

• Laisser les enfants exprimer librement leurs remarques sur les différences qu'ils observent et donner leurs premières appréciations sur le rôle de la « Une ».

• Proposer une relance par une grille comparative qui comporte les paramètres suivants : écriture en grosses lettres du nom du journal, nombre de gros titres (la taille étant appréciée par rapport à un titre de référence affiché), nombre d'images en couleur, nombre d'images en noir et blanc, surface colorée, etc.

• Commenter la grille et émettre des hypothèses sur le rôle de la « Une ».

• Rassembler les différentes remarques.

Conclusion

Déduire la fonction de la « Une » :
La « Une » *met en valeur* le journal.
La « Une » *donne envie d'acheter* le journal.
Les indices notés dans le tableau sont les *« accroches »* qui incitent à *l'achat* puis à *la lecture* du journal.

à partir de

GS CP CE CM

Pour s'approprier la notion

SYSTÉMATISATION

Reproduction

1. Repérer les « accroches » de la « Une » : (GS)
   - encadrer les images ;
   - souligner les gros titres ;
   - marquer d'un gros point les fonds de couleur ;
   - colorier la partie qui porte le nom du journal : le « bandeau ».
2. Sur la « Une » d'un journal : (CE)
   - découper le bandeau ;
   - découper les images et les gros titres en suivant les filets (traits d'encadrement) ;
   - découper les publicités.

   Puis assembler ces différents éléments.
   Constater que les écrits occupent moins de place que les « accroches ».
   Expliquer pourquoi.
3. Colorier les espaces occupés par les écrits pour mettre en évidence les « accroches ». (GS)

Conceptualisation

1. Identifier des « Une » parmi les pages mélangées de différents régionaux. (GS)
2. Identifier parmi des extraits de régionaux ceux qui pourraient appartenir à la « Une ». Justifier les choix. (CP)
3. Comparer des « Une » de régionaux et dire ce qu'elles ont de commun. (CP)
4. Caractériser une « Une accrocheuse ». (CE)

Application

Reconstituer, avec modèle, une « Une » prédécoupée, la contrainte étant de placer d'abord les morceaux qui comportent des « accroches ». (GS)

à partir de

GS	CP	CE	CM	

RÉINVESTISSEMENT

1. Mesurer 3 ou 4 gros titres et leur attribuer des numéros dans un ordre décroissant d'importance. (CP)
2. Comparer des surfaces : le bandeau par rapport à la « Une », les images et les textes, la couleur et le noir et blanc… (CE)
3. Comparer les accroches de plusieurs « Une » dans divers quotidiens du même jour.
   Expliquer les différences observées. (CE)
4. Étudier les couvertures de supports variés : donnent-elles envie d'acheter ? (GS)
5. Selon l'actualité, exprimer des attentes à l'égard de la « Une » des régionaux. Vérifier si les « Une » répondent à ces attentes. (CE)

Lire

6. S'entraîner à saisir rapidement des indices par survol : observer très vite une « Une » puis énumérer ce qui a retenu l'attention. (GS)

Produire

7. ✎ S'exercer à mettre en relief des informations lors de correspondances. (CP)
8. Respecter la spécificité de la « Une » dans la fabrication d'un journal scolaire. (GS)
9. Comparer les accroches de la « Une » et des procédés publicitaires. (GS)

INTÉRÊT

Améliorer ses performances de lecteur rapide. Être critique par rapport aux « accroches » de la « Une ».

Document d'appoint

Repérer les « accroches » de la « Une »

M0174 - 1222 0 - 4,50 F

EDITION DE PARIS

4,50F

le Parisien

Mercredi 22 décembre 1993 — 49e année - N° 15332

MIRACLE A 300 km/h

Le T.G.V. Valenciennes - Paris a frôlé la catastrophe, hier matin, à 300 km/h, en quittant la voie à la suite de l'effondrement du ballast. Un vrai miracle pour les 210 passagers, qui ont applaudi le conducteur. **PAGES 2, 3 ET 4** *(Photo « le Parisien » Jean-Marie Hervio.)*

GUY DES CARS EST MORT

Le plus prolifique des auteurs de romans populaires est décédé hier à quatre-vingt-deux ans des suites d'un œdème pulmonaire. **PAGE 29**

(Photo Interpress.)

(Photo « le Parisien » Jean-Marc Navarro.)

VITRY-SUR-SEINE

RECONSTITUTION POUR LES ENFANTS MEURTRIERS

Reconstitution discrète, hier à Vitry-sur-Seine, du meurtre d'un S.D.F. par trois enfants âgés de huit à treize ans. Ces derniers seraient bien les seuls auteurs des coups mortels. **PAGE 11**

L'OBJET JOURNAL

7

Différencier le bandeau d'un quotidien

Acquis d'appui

Connaître les noms des régionaux de sa région.
Connaître les noms des jours.
Connaître le nom de sa ville.
Connaître les abréviations : F pour Franc, Tel. pour téléphone.
Émettre des hypothèses sur des écrits à partir d'indices.

SITUATION-PROBLÈME

Établir la liste des renseignements que l'on trouve dans **tous** les bandeaux des régionaux.

Conseils

- inclure dans les bandeaux ceux des quotidiens de la région ;
- lier, si possible, cette activité à la fabrication d'un bandeau pour le journal scolaire ;
- pour expliciter le « tous les... » demander aux enfants de lire ce qui est écrit en gros sur chaque bandeau : le nom du régional. Les inviter alors à trouver d'autres renseignements qui figurent sur chaque bandeau.

Déroulement

- Laisser les enfants émettre librement des hypothèses sur la signification des chiffres et des mots du bandeau et signaler les renseignements communs.
- À partir des acquis est attendue la reconnaissance de la date, du nom de la ville, du prix, du numéro de téléphone, etc.
- Comparer les résultats obtenus.
- Vérifier en soulignant avec la même couleur le renseignement que l'on trouve dans tous les bandeaux.
- Émettre des hypothèses sur les écrits non soulignés.

Conclusion

Chaque bandeau de régional est sa *carte d'identité* ; il comporte toujours les indications suivantes : le nom du quotidien, le prix, la date de parution.

à partir de

GS CP CE CM

Pour s'approprier la notion

SYSTÉMATISATION

Reproduction

Sur des bandeaux de régionaux de sa région :
- lire le nom du journal ;
- lire et souligner la date ;
- colorier le prix ;
- lire les autres informations.

Conceptualisation

1. Reconnaître, parmi des bandeaux de régionaux, de revues, de catalogues…, les bandeaux de régionaux.
2. ✎ Découper un bandeau de régional en ses différents composants qui seront ensuite collés aux emplacements correspondants :

   nom du régional →

   prix →

   date de parution →

   etc.
3. Comparer avec ceux du journal les renseignements contenus dans les bandeaux de différents supports.
4. Chercher la signification du grand nombre encadré dans le bandeau ci-dessous.

EDITION NATIONALE
4,50 F
le Parisien
Mardi 6 avril 1993
49e année - N° 15111

à partir de

GS CP CE CM

Application

✎ À l'aide d'une fiche technique indiquant les dimensions d'un bandeau, la taille des lettres du nom, l'emplacement du numéro de téléphone, le prix, etc., fabriquer un bandeau pour un régional fictif.

RÉINVESTISSEMENT

1. Comparer les prix de différents régionaux.
2. Situer le prix d'un quotidien par rapport à celui d'une revue, d'un magazine…
3. À partir du nombre d'éditions d'un régional déterminer sa date de parution.
   Comparer avec d'autres régionaux.
   Ordonner des régionaux selon leur date de parution.
4. Étudier la composition d'une adresse à partir de celle du centre de presse.
5. Ranger des journaux en se référant au bandeau: par nom ou par date, en BCD par exemple (bibliothèque centre de documentation).
6. ✎ Fabriquer le bandeau d'un journal scolaire en indiquant les renseignements indispensables.

INTÉRÊT

Utiliser les renseignements du bandeau pour rechercher une information (nom, date).

Document d'appoint

Compléter la maquette du bandeau d'un quotidien fictif

N° 15210

Tél : 91.10.12.15

Trouver les réponses : - Ce quotidien fictif est paru pour la première fois le :

....

- Ce quotidien paraît dans la ville de :

....

L'OBJET JOURNAL 8

Repérer les composants d'un article

Acquis d'appui *Savoir classer.*

SITUATION-PROBLÈME

Regrouper les extraits de régionaux qui ont **un élément commun**.

Conseils
- proposer des extraits comportant des articles diversement composés et des rubriques sans article : loto, jeux, décès, services de la ville, petites annonces ;
- insister sur le groupement à former ou un *même* composant doit se retrouver dans *tous* les extraits.

Déroulement
- Laisser agir librement les enfants.
- Toutes les propositions justes sont reconnues et acceptées : présence d'illustration, de couleur…
- À la suite du premier classement, si la réponse souhaitée n'a pas été donnée, assurer la relance en introduisant des contraintes basées sur les critères utilisés par les enfants.
Par exemple : le point commun n'est ni la couleur, ni la taille, ni la disposition, ni la présence de chiffres, ni l'illustration…
Si c'est nécessaire, expliciter le mot composant.
- Par déductions successives arriver au *texte* comme élément commun à une série d'extraits.
- Nommer ces extraits : ce sont des articles.
- Énumérer les composants des différents articles : texte, texte + titre, texte + titre + image, texte + titres, texte + titres + images…

Conclusion Un article comporte au moins un texte qui forme un *tout.*
Tous les articles ne sont pas composés de la même façon.

à partir de

GS CP CE CM

Pour s'approprier la notion

SYSTÉMATISATION

Reproduction

1. Découper le bandeau et les publicités de diverses « Une ».
   Nommer ce qui reste : des articles entiers et des articles-annonces.
2. Dans des « Une », souligner les annonces des articles qui sont développés en pages intérieures.
   Entourer les articles entiers.
   Comparer le nombre d'articles entiers et d'articles annoncés.
3. À partir d'articles de compositions diverses :
   - placer un calque sur chaque article ;
   - encadrer l'article et chacun de ses composants ;
   - mélanger les calques ;
   - redonner son calque à chaque article.
4. Noter la composition des articles de la « Une » (« Une » + suite en pages intérieures).

Conceptualisation

1. Répertorier différentes compositions d'articles au fur et à mesure de leur découverte.
2. Classer des articles selon leur composition : simple, complexe, intermédiaire (voir le document d'appoint ci-après).
3. Définir un article sous la forme :
   - un article comporte au moins…
   - un article peut se composer de…
4. Associer le genre d'un article et sa composition la plus fréquente (voir le document d'appoint ci-après).

Application

1. Une « brève » est un article ne comportant qu'un texte.

à partir de

GS CP CE CM

Modifier la composition d'une « brève » en ajoutant un ou plusieurs titres, une ou plusieurs images…

▶ 2. Découper des articles dans les pages intérieures d'un journal.
Contrainte : les articles doivent tous être composés différemment.

RÉINVESTISSEMENT

▶ 1. Dans différents régionaux du même jour, comparer les compositions d'articles traitant d'un même sujet.
Émettre des hypothèses sur les raisons de ces différences.

▶ 2. Pendant une semaine, dans un même quotidien, suivre l'évolution de l'intérêt porté à un même événement par la composition des articles qui s'y rapportent.

▶ 3. Identifier l'ensemble d'un article quel que soit le support, la longueur de l'article, le nombre de ses composants, la répartition des composants dans le support.

▶ 4. Associer des genres d'articles à leur composition simple ou complexe.

▶ ✎ 5. Choisir la composition d'un article selon le message à faire passer : sujet traité, genre d'article…

INTÉRÊT

Appréhender un article dans sa globalité.

Document d'appoint

La composition d'un article est souvent liée au genre de l'article

composition simple	composition intermédiaire	composition complexe
billet – écho – brève	chronique – portrait – éditorial	reportage – enquête – interview

Un article à organisation complexe

genre : enquête

LES DOSSIERS DU "PROVENÇAL"

gros titre

Bruit : plaintes en hausse

chapeau

II - Si la circulation est le principal facteur de bruit (lire le premier volet, publié hier, de notre enquête), les nuisances de voisinage arrivent en seconde position. A Marseille, les plaintes sont en augmentation constante. Un dossier que nous ouvrons à l'heure où le parlement vient d'adopter la loi anti-bruit.

titre du schéma

diagramme

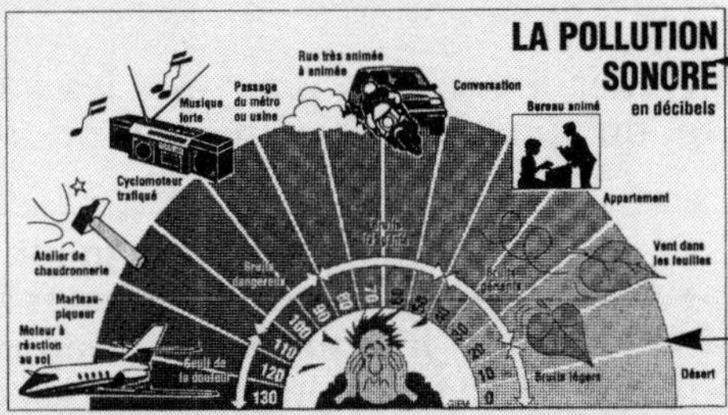

texte

On peut apparenter le maire de la commune à Monsieur anti-bruit, en matière de voisinage exclusivement. La direction Santé-Environnement est son bras séculier chargé d'appliquer la loi du 28 novembre 1990 réprimant ces nuisances telles qu'elles sont définies dans le décret du 5 mai 1988.

En 1991, à Marseille, 300 plaintes signalées par simple lettre des riverains gênés ont donné lieu à 174 dossiers enregistrés entraînant six procès-verbaux. *"C'est beaucoup"* commente Michel Reggi, adjoint à l'hygiène et à la santé.

Après dépôt, chaque plainte fait l'objet d'enquêtes conduites par les inspecteurs de salubrité qualifiés à la disposition du public également pour tout renseignement ou conseil technique. Si les bruits incriminés, de ventilateur, compresseur, chaufferie, portes automatiques, peuvent être quantifiables, ils seront mesurés à l'aide d'un appareil homologué, le sonomètre. Ces mesures seront décrites dans un rapport technique, une mise en demeure adressée au responsable de l'installation concernée peut suivre. S'il n'effectue pas les travaux de mise en conformité, un PV peut lui être dressé, transmis au procureur de la république. L'affaire peut parfois aller devant le tribunal de police et le contrevenant est passible d'une amende.

Quant aux bruits dûs aux comportememnts de personnes ou d'animaux, si leur mesure ne s'impose pas, ils nécessitent en revanche des inspecteurs un énorme travail de diplomatie et de persuasion. Effort néanmoins accompagné aussi de mises en demeure. *"Il y a 100 000 chiens domestiques à Marseille. Il est rare qu'on en vienne au procès. Mais chaque fois, on se déplace pour parlementer avec les maîtres quand il y a nuisance sonore"* souligne Henri Ney, ingénieur en chef de la DSE.

C'est en matière d'autorisations de musique, de manifestations sur la voie publique que les PV se font plus nombreux. *"Les propriétaires ont souvent des amendes mais n'en tiennent pas vraiment compte, seule l'autorisation de faire de la musique peut permettre de les dissuader"*.

En cas de tapage nocturne cependant, le plaignant peut directement aller frapper à la porte du commissariat le plus proche.

Reste un problème très sérieux qu'ici, en terre provençale, on ne peut résoudre. Le bruit des jeux de boules des tireurs de l'été. *"C'est l'horreur"* expliquent les techniciens. Autant pour ceux qui doivent gérer la difficulté que pour les riverains qui n'entendent rien au cochonnet !

● Direction Santé-Environnement : 6, rue Briffaut 13 005 Marseille, ☎ 91.55.32.60

● Association de défense des victimes de troubles de voisinage : permanence les troisièmes jeudis de chaque mois de 17 h à 19 h, salle Saint-Exupéry à Marignane. Délégué M.Cock 7, rue Henri-Barrelet 13 700 Marignane.

C071458

Dossier réalisé par Marjory CHOURAQUI et Emmanuelle QUEMARD.

intertitre

Routes : cinq mesures obligatoires

Quelle que soit l'habitation, située à moins de 200 mètres d'une zone de bruit, elle doit faire l'objet de toutes les attentions de la part de la Direction départementale de l'équipement. Avant tout, l'architecte concepteur du projet est dans l'obligation de présenter une analyse acoustique. La recherche sonore en façade des bâtiments ne doit pas dépasser le seuil des 65 db.

Les experts de la DDE s'attachent donc à parfaire en priorité les revêtements des voies. Une couverture absorbante, perméable, un bitume souple permet de baisser le bruit de 3 à 4 décibels. Selon la voierie municipale, le surcoût d'une telle réalisation s'élève à 25 %.

Seconde mesure, la pose d'écrans anti-bruit dont l'efficacité peut se révéler relative. D'une hauteur maximale de 5 mètres, ils diminuent la nuisance de 10 db. Plus haut, les techniciens préconisent le double vitrage des façades. Coûteux, le procédé n'en est pas moins radical. On enregistre alors une chute de 22 à 27 db !

Plus évident, avant de s'attaquer aux murs, la DDE préfère étudier la réduction des flux d'un trafic qui peut coûter 3 db. Enfin, la position de la voie en construction donne lieu, dans les zones résidentielles, à une diminution de 5 db si la tranchée est en talus.

Reste que la politique de rattrapage de l'Etat ne s'applique que si la réalisation de l'ouvrage est postérieure à celle des habitations. Une logique que les offices de HLM s'efforcent de respecter. *"Mais cela est complexe"* confie Yves Busnel de Marseille Habitat Provence. L'ex-OPHLM, propriétaire de 40 % de la totalité du parc marseillais.

Les points noirs se retrouvent en bordure des grandes artères et des accès d'autoroutes. Les cités Saint-Charles, Jean-Jaurès, Frais Vallon, Saint Barthélemy, les Chutes Lavie, Saint-Loup La Gardanne, Saint Pierre Sakakini. En tout 1 250 logements gérés par cet organe sont exposés ainsi à des bruits supérieurs à 65 décibels.

"Dans certains logements on a changé les menuiseries pour du PVC, on a restructuré les appartements, on a envisagé des murs anti-bruit. Mais tout cela reste du bricolage très onéreux" prévient le directeur du département production de MHP. *"Pour les nuisances de Sakakini, on préfère attendre la réalisation de la L 2 et du tunnel Prado-Carénage, le spectre journalier du trafic s'amenuisera"*.

Evolution de la stratégie urbanistique oblige, Marseille Habitat Provence a révisé un projet de construction rue du Canada, derrière la Timone. *"Il a fallu couper le terrain en deux. Les bâtiments de six étages prendront place derrière une station essence située le long de l'avenue. Il y a 20 ans, on n'aurait jamais raisonné ainsi !"*

intertitre

Saint-Menet : entre chaudronnerie et voie rapide

Annie et Léonce Bistagne ne savent plus vers qui se tourner, confrontés à de multiples nuisances, leur vie est devenue un enfer entrecoupé, parfois, de moments de tranquillité. Traverse de la Sablière, dans le 11e arrondissement, ils avaient pourtant tout pour couler des jours paisibles.

Une maison de famille, datant du 19e siècle, où les générations se sont succédées, un jardin de plus de 1.000 m2 où se mêlent les arbres et les fleurs... ; en quelque sorte, la campagne à la ville.

Cependant, quand Léonce et Annie Bistagne sont venus s'installer en 1956 dans ce fief familial, ils ne savaient pas qu'un beau jour, l'industrialisation et l'urbanisation aidant, leur qu'endurent les Bistagne figure la sirène d'alarme d'une grande surface avoisinante, qui se déclenche les dimanches ou les nuits de mistral sans que le gardien ne parvienne à la maîtriser... Là aussi, il semble que les tentatives de régler à l'amiable ce désagrément se soient heurtées à un mur d'incompréhension.

Dans l'échelle des nuisances sonores existent aussi les trois bergers allemands d'un voisin peu sensible aux remontrances effectuées par le commissariat de police de Saint-Marcel. Enfin, le refuge de chiens de Saint-Roch, tenu par le curé des Trois-Lucs, laisse parfois échapper des aboiements intempestifs dont les Bistagne se passeraient bien.

photographie

Plus de 65 décibels. Le bruit autoroutier devient intolérable pour des riverains qui attendent la construction d'un mur anti-bruit. (Photo Le Provençal).

encadré de désencombrement du texte

Demain, le dernier volet de notre enquête qui nous permettra d'aborder les effets du bruit sur la santé des individus qui y sont exposés. L'occasion d'évoquer la dépréciation immobilière à Marseille due aux nuisances sonores et de découvrir le temple du silence...

L'OBJET JOURNAL 9

Organiser une maquette de « Une »

Acquis d'appui

Savoir reproduire des formes rectangulaires et carrées.
Connaître l'emplacement du bandeau.
Être capable de différencier les articles.
Savoir reconnaître les publicités.

SITUATION-PROBLÈME

Après avoir contourné au feutre le bandeau, les articles et les publicités de la « Une », dessiner à main levée sur une feuille blanche les **encadrements** obtenus.

Conseils
guider les enfants pour que les encadrements soient corrects et qu'apparaissent nettement des rectangles juxtaposés.

Déroulement

- Laisser les enfants agir librement.
- À partir des acquis d'appui sont attendus :
  - un rectangle figurant le bandeau en haut de la page ;
  - un assemblage en puzzle, une disposition en mosaïque de rectangles.
- Comparer les productions et les critiquer.
- Comparer si possible avec la vraie maquette de la « Une » (les centres de presse en remettent gratuitement).

Conclusion

- Nommer la production obtenue : c'est une *maquette.*
- Définir une maquette.
- Comparer avec la définition donnée par un dictionnaire.
- Signaler qu'une maquette dessinée à main levée se nomme un *« monstre ».*

à partir de

GS	CP	CE	CM	
				# *Pour s'approprier la notion*
				SYSTÉMATISATION
				## Reproduction
►				1. Relier le bandeau, les articles, les publicités d'une « Une » à leurs emplacements respectifs sur la maquette correspondante.
►				2. Expliquer ce que sont la marge et les filets.
		►		Ou faire chercher leur définition dans le dictionnaire. - hachurer la marge d'une « Une » ; - repasser les filets au feutre.
	►			3. À partir d'une maquette de « Une » comportant les noms des emplacements (voir le document d'appoint ci-après), les situer les uns par rapport aux autres.
	►			✎ 4. Coller les noms des emplacements sur une maquette de « Une ».
►				✎ 5. Tracer le monstre d'une « Une ».
				## Conceptualisation
►				1. Parmi des reproductions de maquettes : « Une », pages intérieures de journal, couvertures de revues, etc., reconnaître les maquettes de « Une ». Justifier les choix.
►				2. Redonner sa maquette à chaque « Une » de différents régionaux.
	►			3. Situer des articles de « Une » dans leurs emplacements respectifs. Par exemple : l'article qui parle de… est dans…
		►		✎ 4. Tracer le « monstre » d'une « Une » fictive en écrivant de mémoire les noms des emplacements.
►				5. Déterminer la place à la « Une » de l'article le plus important. Justifier ce choix.
				## Application
		►		✎ 1. Fabriquer une maquette de « Une » à partir d'une fiche indiquant les mesures respectives des emplacements.

à partir de

GS CP CE CM

Il est conseillé de tracer préalablement le monstre de la maquette après avoir évalué les différentes surfaces.

RÉINVESTISSEMENT

1. Nommer, dans les « Une » de régionaux de la même date, les emplacements respectifs pour un même événement.
   Quel est l'emplacement qui met le plus en valeur l'information ?
2. 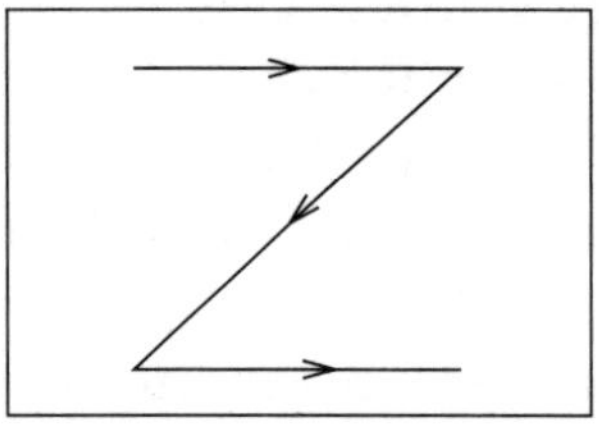

   À partir du sens de lecture d'une page (voir figure ci-contre) :
   - nommer les emplacements situés sur la ligne de lecture ;
   - déduire les emplacements intéressants pour les « accroches ».

Lire

3. Entrer dans le journal par le survol de la « Une » : utilisation des accroches, du sens de lecture, de la connaissance des emplacements « stratégiques ».
4. En mathématiques :
   - étudier les propriétés des carrés et des rectangles ;
   - apprendre à utiliser la règle et l'équerre ;
   - organiser l'espace d'une page ;
   - aborder les notions de surface, d'échelle...
5. ✎ En travail manuel et en informatique : fabriquer une maquette de « Une » pour le journal scolaire.
6. ✎ Étudier et produire des maquettes de couvertures pour différents supports en plaçant « stratégiquement » les accroches.

INTÉRÊT
Pratiquer une lecture de survol de la « Une ».
Savoir fabriquer des maquettes.

Document d'appoint

Maquette de la « une » d'un journal

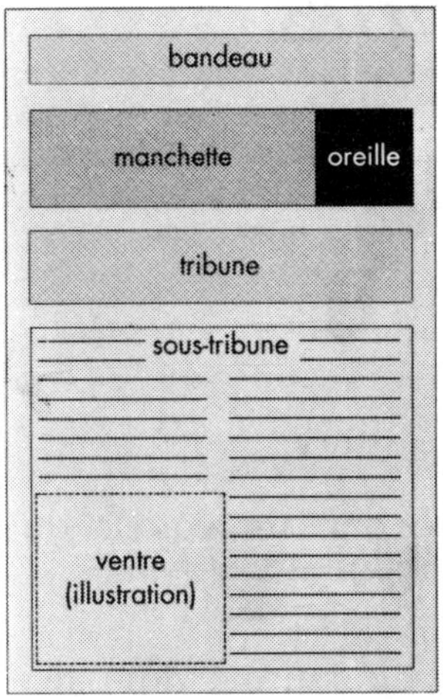

EDITION DE PARIS

le Parisien

RECORD ABSOLU AU LOTO

59 MILLIONS POUR LA SUPER MAMIE

Elle a plus de soixante-dix ans et habite à Aigues-Mortes, dans le Gard, où son petit-fils, âgé de seize ans, a validé son ticket gagnant jeudi dernier. Mais la nouvelle recordwoman absolue des gains au Loto — 59 726 340 F — qui a été la seule en France à trouver les six bons numéros, a préféré pour l'instant garder l'anonymat.

CE QUI VA CHANGER EN 1994

ENCORE PLUS DE TÉLÉ DANS «LE PARISIEN»

BOIS DE BOULOGNE

LA MÈRE DES PETITS NOYÉS PARLE

FOOT

DESAILLY LE SAUVEUR DE MILAN

Le bandeau contient le nom du journal, la date, le prix…
La manchette est le titre en gros caractères à la « Une ».
L'oreille est située à droite ou à gauche du nom du journal.
La tribune sous la manchette, contient les gros titres.
Le ventre est souvent occupé par une photo ou une illustration.

L'OBJET JOURNAL

10

Découvrir l'organisation des pages intérieures

Acquis d'appui

Savoir manipuler aisément un journal.
Connaître les contenus de la « Une » et de la dernière page.
Posséder le « code du trouveur rapide d'informations »
(voir la séquence 5 : « Manipuler aisément un journal »).

SITUATION - PROBLÈME

Trouver **le plus rapidement possible** dans un régional du jour les horaires du film que la classe projette d'aller voir.

Conseils

- choisir une rubrique permanente du journal dont le nom figure en haut ou en bas d'une page intérieure ;
- insister sur l'idée de rapidité qui induit une recherche de stratégie pour agir au plus vite.

Déroulement

• À partir des acquis sont attendus, entre autres, les comportements suivants :
- éliminer l'observation de la « Une » et de la dernière page, dont les contenus ne répondent pas à la recherche ;
- utiliser le « code du trouveur rapide d'informations » et prendre conscience que des données manquent :
- la localisation de l'information (le maître la donne) ;
- le nom de la rubrique.

• Découvrir la notion de rubrique :
- proposer des bords de pages intérieures de régionaux ;
- lire ou faire lire les écrits : nom du journal, date... et rubrique ;
- le maître illustre le mot « rubrique » par des exemples ;
- à leur tour, les enfants déduisent les sujets traités dans différentes rubriques dont celles des spectacles.

• Rechercher l'information dans le journal par un feuilletage et une prise d'indices rapide.

Conclusion

Les pages intérieures sont organisées par rubriques qui rassemblent des articles sur le même sujet.

à partir de

GS CP CE CM

Pour s'approprier la notion

SYSTÉMATISATION

Reproduction

1. Regrouper des images d'articles par rubriques. (GS)
2. Donner le nom des rubriques qui regroupent : (GS)
   - le football, le tennis, le ping-pong ;
   - le théâtre, le cinéma, les concerts…
   Vérifier dans un régional.
3. ✎ Relier des noms de rubriques avec les contenus correspondants. (CP)
4. ✎ Dans un régional : (GS)
   Entourer les noms de rubriques sur les bords des pages (procéder en éliminant les autres renseignements : nom du journal, date, numéro de la page…).
   Les non-lecteurs émettent des hypothèses sur le nom de la rubrique en observant les articles de la page.
5. À partir des bords de pages portant des noms de rubriques, émettre des hypothèses sur les sujets des articles puis les vérifier dans le journal. (CP)

Conceptualisation

1. ✎ Composer un sommaire à partir des rubriques d'un quotidien. (CE)
2. Situer des événements dans leur rubrique d'appartenance. (GS)
3. ✎ Trouver des titres d'articles pour une même rubrique. (CE)
4. Nommer des rubriques pouvant appartenir à différents lieux géographiques : quartier, ville, région, pays… (CE)

Application

(CP) Les pages intérieures d'un quotidien sont réparties dans un groupe d'enfants :
- découper les noms des rubriques ;
- les coller dans l'ordre du quotidien ;
- faire de même à des dates différentes ;

à partir de

GS CP CE CM

- comparer les résultats obtenus et déduire des constantes : noms des rubriques permanentes, ordre de ces rubriques ;
- réfléchir sur l'intérêt de ces constantes : elles sont des repères stables pour le lecteur et elles facilitent aussi la recherche d'informations.

RÉINVESTISSEMENT

1. (GS) En mathématiques, étudier le concept d'appartenance par les rubriques.
2. (CP) En géographie, étudier les notions de quartier, ville, région… par la répartition géographique des rubriques.
3. (CE) Chercher des repères dans l'organisation de différents supports : sommaire, table des matières, répertoire, chapitres…
4. (GS) Appliquer le « code du trouveur rapide d'informations » à la recherche d'informations dans des supports variés.
5. (CP) Critiquer l'organisation de supports.
6. (GS) ✎ Placer des repères dans des productions diverses : livre, journal scolaire…

INTÉRÊT
Trouver rapidement l'information recherchée.
Produire des supports en plaçant des repères pour aider le lecteur.

Document d'appoint

Des repères dans l'organisation de supports

Un sommaire du *Quotidien de Paris*

SOMMAIRE

Une table des matières

TABLE DES MATIERES

Autres repères possibles :
- lexique ;
- bibliographie ;
- annexe ;
- index ;
- biographie ;
- table des illustrations ;
- glossaire ;
- etc.

MISE EN FORME DE L'INFORMATION

1

Identifier des mises en page

Acquis d'appui

Connaître des contenus du journal et en particulier ceux identifiables par des indices non linguistiques (illustrations, symboles…).
Savoir ce que sont une maquette et une rubrique.
Être capable d'émettre des hypothèses sur le contenu d'un message à partir d'indices non linguistiques.

SITUATION-PROBLÈME

Identifier une rubrique de régional **par sa présentation.**

Conseils

- choisir une rubrique permanente du quotidien : spectacles, petites annonces, horoscope, programme TV, etc. ;
- présenter la rubrique à sa taille réelle, avec ses différents éléments de mise en page : encadrement général, rectangles correspondant aux emplacements de symboles ou de sigles ou d'images.

Déroulement

• Sont attendues, entre autres, des hypothèses basées sur :
- l'image mentale, la représentation d'une rubrique par sa maquette, la disposition des éléments, la taille…
- l'identification d'emplacements correspondant aux indices non linguistiques et linguistiques.

• Comparer et commenter les propositions obtenues.

• Vérifier en comparant avec les rubriques du journal.

Conclusion

Il est possible de reconnaître certaines rubriques par leur composition, leur organisation dans l'espace, leur *mise en page.*

à partir de

GS CP CE CM

Pour s'approprier la notion

SYSTÉMATISATION

Reproduction

✎ 1. À l'aide d'un calque, relever la mise en page de différentes rubriques.
Mélanger les mises en page, puis retrouver les rubriques.

2. Dans plusieurs exemplaires d'un même quotidien à des dates différentes, découper des rubriques dont la mise en page ne varie pas : programme TV, rubrique météo, résultats du loto.

✎ 3. Colorier, dans les rubriques précédemment découpées, les indices de mise en page qui permettent d'identifier chaque rubrique.

Conceptualisation

1. Reconnaître des rubriques à partir de leur mise en page.

✎ 2. À main levée, dessiner la mise en page de différentes rubriques.

3. Comparer des mises en page d'une même rubrique dans des supports différents. Choisir la plus agréable en justifiant le choix.

✎ 4. Caractériser une bonne mise en page en établissant une liste de critères de lisibilité.

✎ 5. Proposer différentes mises en page pour présenter une information, en se référant aux critères de lisibilité précédemment définis.

Application

✎ 1. Sur des maquettes de rubriques, placer des noms, des illustrations, des symboles… selon la rubrique identifiée.

à partir de

GS CP CE CM

2. S'exercer à passer d'un manuscrit à un texte imprimé en appliquant la formule :

$$\frac{\text{nombre de signes d'une ligne d'élève} \times \text{nombre de lignes de texte}}{\text{nombre de signes d'une ligne de journal}} = \text{nombre de lignes de texte dans le journal}$$

RÉINVESTISSEMENT

Lire

1. Rechercher une information en ayant des attentes par rapport à la mise en page.
2. Réfléchir sur les rapports entre la lisibilité d'une page de journal et la mise en page de ses différents articles.
3. Étudier des mises en page de genres d'écrits variés : lettre, recette, poème, télégramme, publicité…
4. Attacher de l'importance à la mise en page de tout écrit.

Produire

5. Rédiger des textes en adaptant la mise en page au genre et au type de texte.
6. Diversifier les mises en page dans un journal scolaire.

INTÉRÊT

Entrer dans les contenus d'un article par la mise en page.

Diversifier les mises en page d'écrits pour mieux faire passer le message.

Document d'appoint

Une BD…

… et sa maquette

Un programme TV…

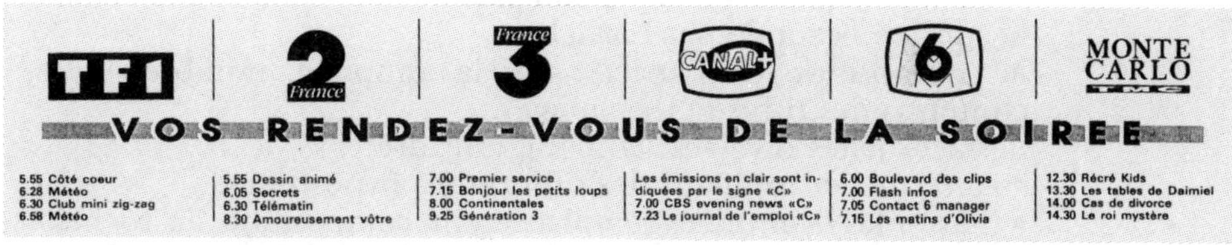

… et sa maquette

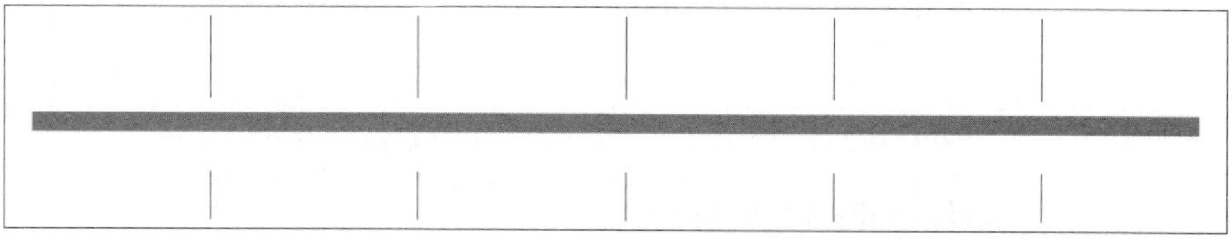

MISE EN FORME DE L'INFORMATION

2

S'approprier des procédés de mise en valeur

Acquis d'appui

Connaître le rôle, les accroches et la maquette de la « Une ».
Connaître les composants possibles d'un article.
Avoir des notions de mise en page :
maquette et emplacements stratégiques.

SITUATION-PROBLÈME

Le maître **survole** la « Une » d'un régional devant les enfants. Il referme le journal et annonce : l'événement que le quotidien a choisi comme le plus important ce jour... (dire la date), est « ... » (énoncé de l'information).
Pourquoi peut-il l'affirmer ?

Conseils
Choisir un événement qui a une ampleur nationale et pour lequel les enfants peuvent avoir des attentes quant à sa présentation : les inondations, un résultat sportif, un événement spatial...

Déroulement

- Laisser les enfants s'exprimer librement.
- À partir des acquis d'appui sont attendues, entre autres, des hypothèses basées sur :
  - l'emplacement de l'information :
    dans le journal : à la « Une »
    dans la page : endroit « stratégique » ;
  - la surface occupée par l'article ;
  - la composition de l'article : article annoncé, nombre, taille, contenus des titres et des images...
  - des accroches diverses : couleur, encadré...
- Faire un récapitulatif des différentes hypothèses.
- Classer les hypothèses (emplacement, composition, accroches).
- Vérifier les hypothèses en observant l'article du journal.
- Compléter éventuellement les propositions.

Conclusion

L'ensemble des procédés qui mettent en évidence une information est la mise en valeur qui accroche le lecteur et l'incite à lire l'article.

à partir de

GS CP CE CM

Pour s'approprier la notion

SYSTÉMATISATION

Reproduction

1. Encadrer l'information la plus mise en valeur à la « Une » d'un régional.
   Étudier le titre par rapport à d'autres titres : longueur, épaisseur des caractères, hauteur des lettres, emplacement…
   - Préciser si l'article est entier ou annoncé.
   - Par report, évaluer la surface de l'article par rapport à la page.
   - Par report, apprécier la surface occupée par les images par rapport au texte.
   - Énumérer les autres procédés de mise en valeur.
2. ✎ Sur la « Une » ou des pages de régionaux comportant plusieurs articles, entourer les 3 articles principaux. Les ordonner dans un ordre décroissant en fonction de leur mise en valeur.
3. ✎ Entourer, dans un article entier où les mises en valeur dans le texte sont nombreuses, tous ces éléments de mise en valeur (voir le document d'appoint ci-après).

Conceptualisation

1. ✎ Dresser la liste des procédés de mise en valeur au fur et à mesure des découvertes :
   - autour du texte ;
   - dans le texte.
2. Suivre, par les mises en valeur, l'évolution de l'intérêt pour un événement médiatisé sur plusieurs jours.
3. Caractériser une bonne mise en valeur : accrocheuse, attrayante, attirante… elle doit refléter l'impression générale de l'article : gaieté, tristesse, colère…

Application

1. Transformer l'article le plus important de la « Une » en article sans mise en valeur :

à partir de

GS CP CE CM

- en proposant des emplacements possibles dans les pages intérieures ;
- en énumérant les éléments du « décor » à supprimer.

▶ ✎ 2. Transformer en article mis en valeur un article à composition simple, extrait d'une page intérieure et sans mise en valeur (brève, filet, écho) :
- préciser l'emplacement dans le journal et dans la page ;
- construire une « mise en scène » autour de l'article en s'aidant de la liste rédigée dans le premier exercice de conceptualisation (page précédente).

RÉINVESTISSEMENT

Lire

▶ 1. Émettre des hypothèses sur le sens d'un message illustré à partir des procédés de mise en valeur :
- importance accordée par le journal à l'article ;
- réponse aux données énonciatives par les mises en valeur ;
- impressions transmises par l'image (joie, tristesse...).

▶ 2. En mathématiques, étudier les notions de longueur, d'épaisseur, de surface...

▶ 3. En technologie, étudier les procédés photographiques qui permettent de mettre en relief tel aspect de l'information.

▶ 4. Comparer les mises en valeur pour un même événement :
- dans les régionaux du même jour ;
- dans des supports différents.
Réfléchir sur les raisons des différences relevées.
▶ Conclure à la nécessité d'être vigilant et critique face à l'information et à la nécessité de diversifier ses sources.

▶ ✎ 5. Hiérarchiser les mises en valeur d'articles pour la « Une » du journal scolaire.

▶ ✎ 6. Accorder de l'importance à la présentation de tout écrit.

INTÉRÊT
Entrer dans les contenus d'un message par les mises en valeur. Diversifier ses sources d'information.

Document d'appoint

Mises en valeur dans un texte

logo de la rubrique

je cherche un maître

♥ *"Sirop"*, berger allemand âgé de 4 ans, attend chez un particulier de retrouver un maître.

Proposés par la délégation BdR de la Fondation Assistance aux Animaux, ces deux chiens peuvent être adoptés en appelant le 91.08.17.43.

♥ *"Heidi"*, jeune petite femelle croisée berger allemand, attend, elle aussi, dans une famille d'accueil.

Le tatouage fait peau neuve

Entrée en vigueur en janvier, la nouvelle législation relative au tatouage, destinée à mieux protéger l'espèce canine, a entraîné certaines modifications dans les formalités.

Ainsi, **lors du tatouage,** désormais le tatoueur est responsable de l'inscription du chien au fichier national canin de la *Société Centrale Canine.* **Lors d'un changement** quelconque, qu'il soit de propriétaire (vente, adoption, décès...) ou d'adresse, le vendeur ou donateur est désormais responsable lui aussi de la transmission de ce changement au fichier.

Afin de sensibiliser le grand public aux avantages du tatouage --sur les 9 millions de chiens français, seuls 58% sont tatoués-- la *S.C.C.* va éditer, début 93, un document à l'attention des vétérinaires et tatoueurs agréés, ainsi qu'une affiche explicative et un dépliant à l'attention du public, déposés chez les vétérinaires et dans les services officiels (mairies, fourrières, SPA...).

En attendant la puce électronique, encore au stade expérimental, il faut savoir que le tatouage est réalisé dès l'âge de 2 mois par un vétérinaire ou un tatoueur agréé par le ministère de l'Agriculture. Il se pratique sur la face interne de la cuisse droite ou de l'oreille droite, cette dernière solution étant la meilleure pour la lisibilité. Il comporte 3 lettres suivies de 3 chiffres reproduits à l'encre indélébile soit avec une pince (sans anesthésie, parfait pour les chiots), soit avec un dermographe (avec anesthésie).

Si vous avez perdu votre chien ou si vous avez trouvé un chien tatoué, contactez le fichier national de la *S.C.C.* au **(16-1) 49.37.54.54.**

nom de la rubrique

soulignage épais

encadré des illustrations

double illustration en couleur « intégrée au texte »

marge qui met en valeur chacun des portraits

symbole « affectif »

changement typographique

légende mise en valeur par les espaces, les blancs

titre

attaque soulignée par la majuscule en caractère gras, appelée « lettrine »

corps de l'article :
- 4 paragraphes apparents
- plusieurs changements typographiques mettant en relief les éléments essentiels

chute mise en valeur par les espaces et le final en chiffres en caractères gras

LES CONTENUS DE L'INFORMATION

1

Produire un message

Acquis d'appui

Avoir vécu des situations de communication réelles avec des interlocuteurs variés.
Connaître des supports d'écrits divers.
Avoir des notions de mise en page, de mise en valeur.
Connaître le lectorat à qui s'adresse le message.

SITUATION-PROBLÈME

Produire une information à destination d'un **lectorat bien ciblé** (élèves, familles, gens du quartier…).

Conseils

- composer le message dans une situation authentique de communication écrite ;
- proposer aux non-scripteurs de transmettre leur message par le dessin, la BD et d'imaginer la mise en page ;
- faire préciser l'*objectif* du message.

Déroulement

• Laisser agir et s'exprimer librement les enfants.
Comparer les productions et les critiquer.
• Proposer les messages à des lecteurs non avertis et les inciter à poser des questions.
• Selon les réactions des lecteurs, apprécier si l'objectif est atteint ou non.
• Découvrir en commun une stratégie performante pour que le message parvienne au mieux à ses destinataires ; rappeler qui sont les lecteurs et ce qui doit leur être clairement dit : le sujet, éventuellement les circonstances (où, quand…), l'objectif.
En fonction de ces données, réfléchir à la manière de faire passer le message.
• À partir des croquis sont alors attendues des hypothèses sur le choix du support adéquat, d'une mise en page claire et attrayante, de mises en valeur « accrocheuses » et, selon le niveau des enfants, la rédaction d'un texte qui suscite l'intérêt du lecteur.

Conclusion

Pour qu'un message passe bien, les *données énonciatives* – récepteur, sujet à traiter, objectif – doivent être clairement définies et mises en valeur par la présentation.

à partir de : GS | CP | CE | CM

Pour s'approprier la notion

SYSTÉMATISATION

Reproduction

▶ GS — 1. Vivre des situations de communication très diverses : à l'oral, par les images, par les écrits et réaliser que, selon l'objectif poursuivi, le récepteur du message et le sujet traité, la manière de s'exprimer diffère.

▶ GS — 2. Répertorier dans des articles les indices non linguistiques à partir desquels il est possible d'émettre des hypothèses sur :
- le sujet de l'article : schéma, plan, carte…
- l'auteur de l'article : logo, photo, signature…
- le public visé : illustrations diverses.

▶ CP — 3. À partir de rubriques diverses, nommer les personnes extérieures au journal qui écrivent dans un quotidien : correspondants, agences de presse, lecteurs…

Conceptualisation

▶ CP — 1. Accéder au sens d'un message écrit par la maîtrise de l'énonciation :
qui ? écrit à qui ? pour parler de quoi ? dans quel but ?

▶ CE — 2. Lire une brève et souligner les données énonciatives.

▶ CE — 3. Lire des articles courts et encadrer les données énonciatives. Constater que ces données se situent au début de l'article (à l'attaque).

▶ CM — 4. Dans la situation de production d'un message, définir ce qu'est l'énonciation.

Application

▶ CE — ✎ 1. Rédiger une brève.
(La brève est une information très courte qui ne comporte que les données énonciatives.)

▶ CE — ✎ 2. Rédiger l'attaque d'un article à partir des données suivantes : l'événement, le lieu et le moment de l'action, les destinataires, le but du message.

à partir de

GS CP CE CM

3. Définir les critères d'un article « accrocheur » : cibler les lecteurs, donner une information intéressante, livrer les données énonciatives en début d'article, adapter la forme aux contenus...

RÉINVESTISSEMENT

Lire

1. Utiliser la maîtrise de l'énonciation pour lire des images, des publicités (voir les séquences suivantes).
2. Pratiquer une lecture rapide d'article par survol ou par écrémage en « accrochant » les données énonciatives pour respecter le sens du message.
3. Par rapport à la situation d'énonciation, dans des articles courts traitant du même événement et provenant de quotidiens différents :
   - souligner les points communs (sujet, circonstances) ;
   - énumérer les différences (journaliste, objectif du journal, lecteurs) ;
   - observer les différentes présentations et conduire une réflexion sur la nécessité de diversifier les sources de l'information pour « approcher » la vérité.
4. Analyser les liens entre la situation d'énonciation et la présentation d'un message.
5. ✎ Produire des messages variés, sous des formes différentes, pour des lecteurs divers.

INTÉRÊT

Avoir des outils pour mieux communiquer.

Progressivement, cerner les interrelations entre la forme et les contenus d'un message.

GS CP CE CM

Document d'appoint

L'énonciation dans les quotidiens

Qui ? → agences de presse, journalistes, correspondants, lecteurs, communiqués → dans un temps → dans un lieu déterminé

parle :

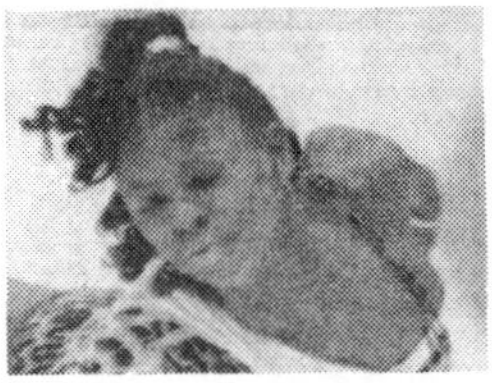

de qui ?
ceux qui font l'actualité
en France et à l'étranger

de quoi ?

- les événements et les services
  - rubriques quartier
  - rubriques ville
- les événements
  - rubriques région
  - rubriques France
  - rubriques étranger

pourquoi ?

- informer
- distraire
- servir

comment ? Le message de l'émetteur sera perçu au mieux par le destinataire si la mise en page, la mise en valeur, le texte servent l'énonciation.

Pourquoi ⇆ Comment

LES CONTENUS DE L'INFORMATION

2

Traiter une information iconique inconnue

Acquis d'appui

Connaître des mises en valeur, dont les images de presse.
Connaître le rôle des images de presse.
Connaître les composants de l'énonciation.
Savoir mettre en relation des indices pour émettre des hypothèses.

SITUATION-PROBLÈME

Lire une image.

Conseils

- choisir une image de presse inconnue des enfants mais dont 80 % des éléments soient connus ;
- l'image doit pouvoir être interprétée de différentes façons ;
- l'image doit être accompagnée d'une légende et/ou d'un texte court (image de presse par exemple) ;
- expliciter l'objectif : découvrir le sens du message par rapport aux données énonciatives : qui ? à qui ? de quoi ? pourquoi ?
- proposer une consigne qui induise une mise en relation et non une énumération des éléments de l'image.
  Par exemple : quelle histoire nous *raconte* l'image ?

Déroulement

- L'image est dévoilée pour un *rapide* temps d'observation.
- L'image est cachée : chacun construit ses hypothèses énonciatives à partir des indices qu'il a saisis, dans sa tête ou par écrit.
- Chaque enfant propose son interprétation au groupe.
- L'image étant à nouveau affichée et laissée à disposition, les hypothèses sont comparées, argumentées, réfutées.
- Une situation énonciative est dégagée à partir des tendances générales.
- Les hypothèses-consensus sont alors organisées en un discours cohérent avec l'énonciation supposée.
- Ce discours est comparé avec le texte de l'image, lu par le maître ou par un enfant. Analyser les causes d'erreur.

Conclusion

Déduire l'intérêt mais aussi les limites de l'image pour accéder au sens d'un message et le nécessaire recours à l'écrit.

Voir J. Bessabel, *Lire le texte, lire l'image*, Voies livres.

à partir de

GS CP CE CM

Pour s'approprier la notion

SYSTÉMATISATION

Reproduction

1. Découper et classer par catégories des images de presse : photos, logos, dessins, schémas, symboles…
2. Lire des images présentées sous des formes différentes : carte routière, plan, BD, etc.
3. S'entraîner à prendre rapidement des indices : une image étant déroulée progressivement dans le sens horizontal ou vertical ou révélée peu à peu par un cache qui glisse lentement, il s'agit d'indiquer dès que possible le sujet reconnu.
4. Effectuer ces exercices avec un cache évidé qui ne laisse apparaître que certains éléments de l'image. Ce cache peut être fixe ou animé d'un mouvement de rotation, en plaçant par exemple une attache parisienne au centre du cache.
   Les caches évidés peuvent être fabriqués par les enfants et comporter des variables : nombre, forme et taille des trous, positionnement des parties évidées sur des indices plus ou moins pertinents…

Conceptualisation

1. Lire une image composée de différents éléments. Enlever les éléments qui ne sont pas nécessaires pour approcher le sens du message.
2. Construire une histoire en images autour d'un élément (par exemple un soleil), cet élément pouvant être le sujet principal, ou situer le moment de l'action, ou être la cause de l'action…
3. Par la lecture d'une image découpée qui illustrait un article de presse, émettre des hypothèses sur le contenu de l'article.
4. ✎ Écrire une légende et la comparer avec la vraie légende. Lire ou faire lire l'article.

à partir de

GS CP CE CM

Trouver les analogies entre la lecture d'un texte et la lecture d'une image.

Application

1. Lire des images dans toutes les disciplines.
2. Produire des écrits à la suite de lectures d'images.
3. Lire un court article illustré dont l'image est cachée. Imaginer l'illustration puis comparer ses hypothèses avec l'image de l'article.
4. Étudier les notions de phrase essentielle et de phrase complexe, de complément, en ajoutant successivement des éléments à une image très dépouillée. Par exemple, pour image de base : un enfant mange ; dessiner des éléments qui indiquent ce que l'enfant mange, le lieu, le moment de l'action et enrichir progressivement la phrase de base.
5. Lire une suite d'images : BD, roman-photo, etc.

RÉINVESTISSEMENT

1. Comparer des images illustrant le même événement dans des supports différents. Les impressions produites sont-elles les mêmes ? Émettre des hypothèses sur les raisons de ces différences.
2. Étudier les publicités qui sont des images particulières.
3. Faire des montages différents avec les éléments d'une photographie. Lire les différentes histoires obtenues par ces diverses compositions.
4. Illustrer par des images variées des articles du journal scolaire.

INTÉRÊT
Entrer dans certains contenus d'écrits par leur illustrations.

Document d'appoint

Dans un quotidien, les images sont très variées

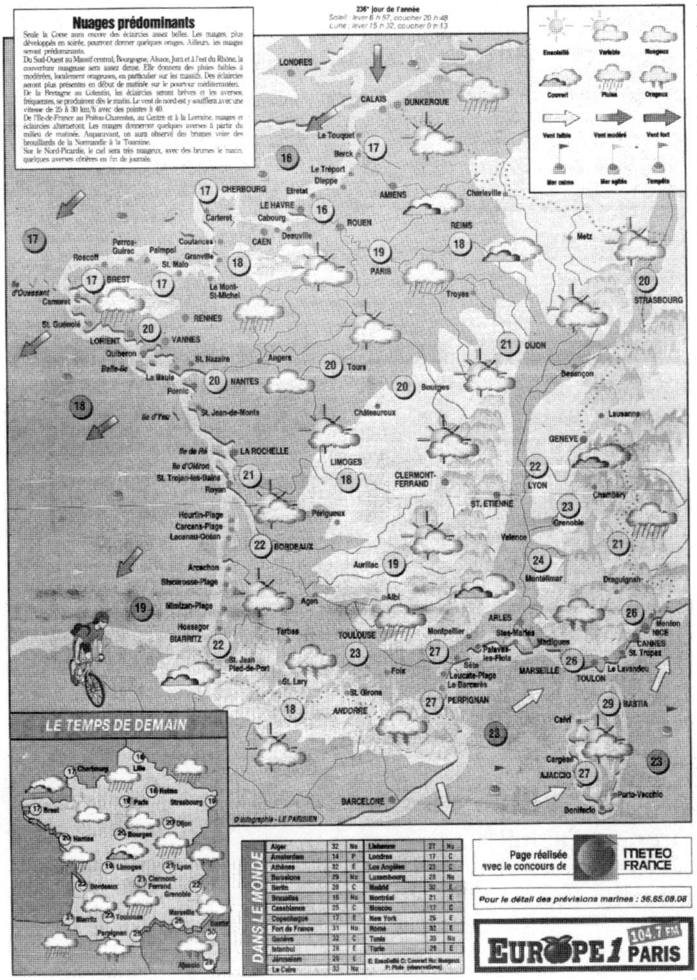

Pour le bulletin météo du *Parisien* le 24.8.1993, des représentations variées : cartes, symboles, tableau, logo.

Dans le journal, d'autres images : dessins, reproductions, caricatures, diagrammes, histogrammes, pictogrammes, BD, publicités, plans, schémas, graphiques, photographies…

LES CONTENUS DE L'INFORMATION

3

Lire une publicité

Acquis d'appui

Connaître des images non publicitaires présentées sous des formes variées.
Pouvoir accéder au sens d'un message par la maîtrise des données énonciatives.
Savoir lire une image.

SITUATION-PROBLÈME

Découvrir **le sens** d'un message publicitaire.

Conseils

- choisir une publicité pour un produit qui intéresse les enfants: jouet, friandise; elle doit être actuelle, non connue des enfants, de bonne taille, en couleur et sans ambiguïté sur la cible visée et le produit proposé;
- le verbe de la consigne, comme pour la lecture d'image, doit induire une mise en relation des éléments de l'image, et non pas conduire à un énumération.

Déroulement

• Laisser s'exprimer librement les enfants.

• À partir des acquis sont attendues des hypothèses basées sur:

- la différence entre une image « ordinaire » et l'image proposée qui comporte des écrits dans un espace non défini et qui « pourrait » être une publicité;
- la recherche d'indices qui vont dans ce sens;
- la construction d'un discours énonciatif cohérent.

Si c'est une publicité:
Qui envoie ce message?
De quel produit s'agit-il?
À qui est-il destiné?
À quoi sert cette image?

Conclusion

Cette image est une publicité pour tel produit proposée, par la personne qui le fabrique, aux enfants pour qu'ils l'achètent ou le fassent acheter.

à partir de

GS CP CE CM

Pour s'approprier la notion

SYSTÉMATISATION

Reproduction

1. S'approprier le vocabulaire publicitaire en observant une publicité extraite d'un quotidien.
   Qui réalise une publicité ? l'*agence* de publicité.
   À qui s'adresse la publicité ? la *cible.*
   De quoi parle la publicité ? d'un *produit* qui a une *marque* et parfois un *logo* qui sert de signature.
   Pourquoi la publicité ? pour vendre essentiellement.
   Qui a commandé la publicité ? Le créateur du produit.
2. Chercher, dans des publicités extraites de quotidiens, les réponses aux questions énonciatives.

Conceptualisation

1. Définir la publicité par une liste de verbes, oralement ou par écrit :
   La publicité veut : plaire, séduire, faire rêver…
   pour : faire acheter, vendre, agir…
2. Barrer les verbes et expressions qui ne correspondent pas au rôle de la publicité :
   déplaire – amuser – agacer – ennuyer – séduire – faire peur – accrocher – énerver – angoisser – endormir – faire rêver – stresser – donner envie…
3. Réaliser la partie illustration d'une publicité à partir des données suivantes : le produit, la cible, le logo.

Application

1. Répondre aux questions suivantes, oralement ou par écrit, à propos des publicités extraites de quotidiens et numérotées :
   À qui s'adresse la publicité n° 1 ?
   Quel est le produit proposé dans la publicité n° 2 ?
   Dessiner le logo de la publicité n° 3.
   Écrire le nom de la marque de la publicité n° 4.

à partir de

GS CP CE CM

2. Un produit et une cible étant donnés, imaginer des arguments de vente.

RÉINVESTISSEMENT

1. Découper les publicités d'un quotidien. Les classer par cible. Définir les cibles privilégiées de ces publicités. (Exemple : hommes → voitures, femmes → alimentation, objets ménagers…).
2. Même exercice dans des supports différents: revue sportive, magazine féminin…
3. Utiliser les publicités découpées dans un quotidien régional pour évaluer en nombre de pages la surface occupée.
   S'informer sur le prix d'une page de publicité.
   Conclure à l'intérêt financier de la publicité pour un quotidien, (environ 50 % des recettes).
4. Étudier dans différentes disciplines, à partir des publicités et selon le produit proposé, le lieu, la forme de la publicité: scientifique, historique…
5. Étudier le rapport entre les publicités et les articles qui les suivent ou les précèdent.
6. Étudier le lien entre la cible dominante d'une revue et la cible des publicités qu'elle contient.
7. Réfléchir
   - sur l'omniprésence de la publicité dans la vie quotidienne en recensant ses différents supports;
   - la publicité ne propose-t-elle que de bons produits?
   - peut-on faire de la publicité pour tous les produits?
   - la publicité aide-t-elle à choisir un produit?
   - les enfants peuvent-ils influencer la vente d'un produit?

INTÉRÊT

Savoir lire une publicité et être critique face à la publicité.

Document d'appoint

**La publicité
un métier de communication**

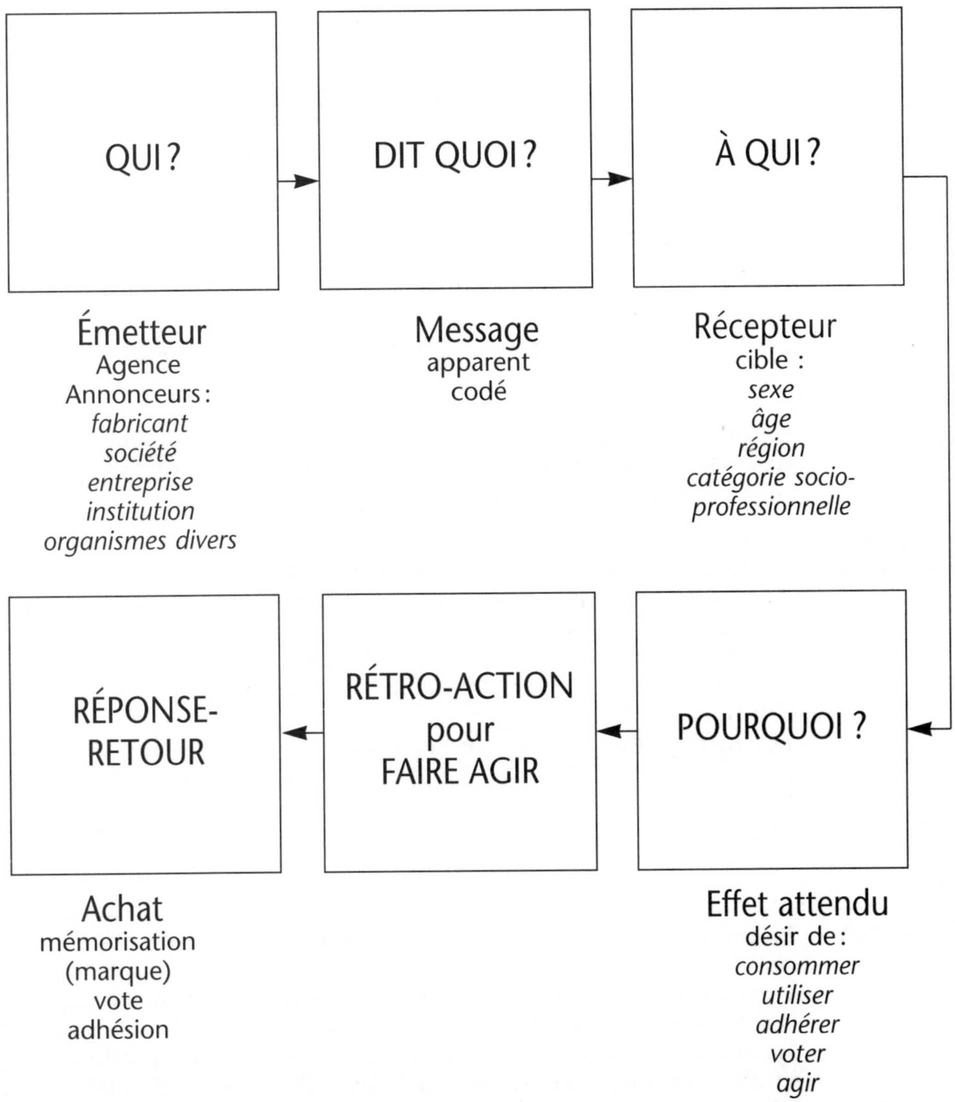

LES CONTENUS DE L'INFORMATION

4

Distinguer une image publicitaire

Acquis d'appui

Connaître des publicités.
Connaître le rôle de la publicité et le rôle de l'image de presse.
Connaître des compositions possibles d'un article.

SITUATION-PROBLÈME

Distinguer par **leur composition** un article illustré d'une image publicitaire.

Conseils

- choisir dans un quotidien un article illustré et une publicité qui concernent un sujet familier aux enfants : alimentation, voiture, vêtements, loisirs…
- proposer des documents différents dans la présentation de façon à ce qu'il n'y ait pas d'ambiguïté, certaines publicités pouvant prendre la forme d'article et vice-versa ;
- préciser dans la consigne qu'il s'agit d'étudier la composition des documents et non leurs écrits et rappeler les travaux faits précédemment sur les articles.

Déroulement

- Laisser s'exprimer librement les enfants.
- À partir des acquis sont attendus, entre autres, des arguments nés de :
  - la reconnaissance globale et intuitive d'une publicité ;
  - l'identification de l'article par la reconnaissance de sa composition ;
  - la connaissance du rôle de la publicité.

Conclusion

La publicité contient, dans le même espace, écrits ou/et images, ou/et logo…
L'article se compose d'espaces respectifs et délimités occupés par la titraille, le ou les textes, une ou plusieurs illustrations.
La délimitation spatiale des éléments est la base de la différence entre la composition d'un article et celle d'une publicité.

à partir de

GS CP CE CM

Pour s'approprier la notion

SYSTÉMATISATION

Reproduction

▶ (GS) ✎ 1. Sur une publicité de quotidien :
- souligner les écrits ;
- entourer l' (ou les) image(s) ;
- colorier le logo ;
- encadrer l'ensemble de l'image publicitaire.

▶ (GS) ✎ 2. Placer un calque sur une publicité :
- encadrer par des rectangles ses différents composants : écrits, images, logo ;
- passer au feutre le cadre de la publicité.

La maquette de la publicité est ainsi obtenue.

Conceptualisation

▶ (GS) 1. Reconnaître des publicités présentées sous des formes différentes : BD, roman-photo, lettre, conte, dessin... Entourer les indices de reconnaissance.

▶ (CP) 2. Parmi des articles et des publicités diversement composés, identifier les publicités et justifier.

▶ (CE) ✎ 3. Transformer en image publicitaire l'image d'un article illustré sur un sujet connu des enfants : un animal, un fruit, une voiture...

▶ (CM) ✎ 4. Transformer en article illustré une publicité pour un produit familier aux enfants.

Application

▶ (CP) 1. À partir des composants d'une image publicitaire prédécoupée :
- rechercher des assemblages différents ;
- comparer les résultats et choisir la composition où le produit est le mieux mis en valeur ;
- comparer avec la vraie publicité.

à partir de

GS CP CE CM

RÉINVESTISSEMENT

1. Comparer les compositions de publicités pour un même produit dans des supports différents. Où le produit est-il le mieux mis en valeur ? (CE)
2. Comparer la composition de publicités actuelles et de réclames anciennes pour un même produit. Quand le produit est-il le mieux mis en valeur ? (CE)
3. Étudier les rapports textes/images dans différentes publicités : importance et disposition du texte par rapport à l'image. (CM)
4. ✎ En mathématiques, travailler sur l'organisation spatiale de maquettes publicitaires. (GS)
5. ✎ Fabriquer des maquettes de publicités. (CP)
6. Critiquer la composition d'images publicitaires. (CE)
7. Repérer le point d'or ou surface délimitée par les points forts où se situe l'élément important dans différentes publicités. (CM)

INTÉRÊT

Affiner la lecture de publicités.

Document d'appoint

Noter dans l'ordre les éléments qui accrochent le regard :

Dessiner le parcours de l'œil dans son circuit des accroches.

LES CONTENUS DE L'INFORMATION

5

Jouer avec les codes de la publicité

Acquis d'appui

Savoir lire une image et donc maîtriser l'énonciation.
Connaître des procédés de mise en valeur.
Savoir que la mise en valeur facilite l'accès au sens d'un message.

SITUATION-PROBLÈME

Colorier une publicité de façon à bien **mettre en valeur** le produit.

Conseils

- choisir une publicité dont les couleurs ont de l'importance pour la mise en valeur du produit et dont le sujet intéresse les enfants : confiserie, sport, jouet…
- une photocopie en noir et blanc de cette publicité est remise aux enfants. Veiller à la netteté de la reproduction et dire aux enfants que la vraie publicité est en couleur ;
- aider les enfants à cerner l'objectif qui est de rechercher et placer des couleurs mettant le produit en valeur.

Déroulement

• Laisser agir librement les enfants.

• Comparer les productions obtenues, chacun argumentant ses choix.

• À partir des acquis sont attendus des arguments basés sur :

- la lecture de la publicité qui permet de dégager les données énonciatives : cible, produit, objectifs du publicitaire ;
- l'analyse de la manière dont l'auteur de la publicité essaie de séduire pour inciter à l'achat.

• Parmi les différentes propositions, choisir les couleurs qui paraissent les plus adaptées pour faire passer le message.

• Comparer avec la vraie publicité et déduire que les couleurs ont une signification.

Conclusion

Les couleurs ont une signification.
La publicité utilise le code des couleurs.

à partir de

GS CP CE CM

Pour s'approprier la notion

SYSTÉMATISATION

Reproduction

Découvrir et reproduire différents procédés publicitaires.

1. Associer un nom et une impression à des couleurs. Par exemple, vert → herbe → fraîcheur.
2. Associer une impression à des formes. Par exemple, rond → doux, tendre, gentil…
3. Faire des associations diverses. Par exemple, soleil → chaleur, lumière, rouge, orange, rayon…
4. ✎ Produire une écriture correspondant à l'élégance, la rapidité, la nervosité…
5. Étudier comment le mouvement est traduit dans une publicité.
6. Définir les impressions données par les prises de vue (plongée, contre-plongée), les plans différents, les contrastes, les flous…

Conceptualisation

1. ✎ Construire une grille d'analyse de publicités en répertoriant les procédés découverts précédemment.
2. ✎ Utiliser la grille pour comparer les procédés graphiques employés par différentes publicités pour une même catégorie de produits : des voitures, des fromages, des desserts…
3. Lire une publicité. Énumérer les procédés graphiques utilisés pour faire passer le message.

Application

✎ Un projet publicitaire. Composer une publicité en utilisant plusieurs des procédés étudiés.

à partir de

GS CP CE CM

RÉINVESTISSEMENT

CM ▶ 1. Étudier l'évolution de procédés publicitaires à travers le temps.

CM ▶ 2. Comparer les codes publicitaires utilisés pour une même catégorie d'objets, hier par la réclame, aujourd'hui par la publicité.

CM ▶ 3. Comparer les codes de la publicité dans la presse écrite et à la télévision.

CP ▶ 4. En travail manuel, jouer avec les formes, les couleurs…

CM ▶ 5. Faire des photographies et s'initier à des techniques particulières : zoom, plongée, perspective…

CM ▶ 6. En physique, étudier les plans, la lumière, le mouvement…

CP ▶ 7. Utiliser le code des couleurs dans la vie quotidienne (décoration, cuisine, habits…).
Décoder la signification d'alliances de couleurs : bleu et blanc, rouge et bleu…

CM ▶ 8. Étudier les codes de mise en page : format, répartition des masses, perspective, sens, point d'or…

CE ▶ 9. Étudier les codes graphiques, les caractères : bâton, anglaise, Didot (pleins et déliés)…

INTÉRÊT

Approfondir la connaissance de rouages de la communication.

Document d'appoint

Des langages symboliques de la publicité

L'écriture est symbole

Noblesse Bon Sens

CHOC Lucidité

Les formes sont symboles

ON VOIT	*ON PEUT PENSER*
Un rond	*Calme, douceur, paix*
Un carré	*Équilibre, sérieux, sécurité*
Une pointe	*Puissance, agressivité, virilité, vigilance*

Les choses sont symboles

ON VOIT	*ON PEUT PENSER*
La montagne	*Stabilité, pureté, force, immuable*
Le feu	*Passion*
La terre	*Humilité, vrai, fécondité*

La mise en page est symbole

à la française : image en pleine page dans le sens vertical.

à l'italienne : image en pleine page dans le sens horizontal.

à l'américaine : image enfermée dans un cadre avec un liseret.

le point d'or : surface délimitée par les points forts pour l'objet important.

perspective : le récepteur croit voir plus loin et se sent plus concerné.

le sens : objet placé à gauche et/ou orienté vers la droite, donne une impression de départ, une idée d'avenir.

signature : produit, marque, logo ou les deux en bas à droite.

LES CONTENUS DE L'INFORMATION 6

Décoder le langage publicitaire

Acquis d'appui

Savoir lire.
Connaître le rôle de la publicité.
Maîtriser l'énonciation.
Connaître le sens et la valeur du verbe dans une phrase.

SITUATION-PROBLÈME

Identifier dans des publicités des mots ou des expressions qui **incitent à l'action**.

Conseils

- proposer 5 à 6 publicités qui contiennent chacune au moins un verbe à l'impératif;
- inviter les enfants à ne lire que ce qui est écrit en gros caractères pour conserver son rythme à la séquence;
- pour sensibiliser les non-lecteurs, le maître peut lire avec le ton qui convient les slogans qui contiennent des verbes à l'impératif.

Déroulement

• Laisser les enfants agir librement.

• Inscrire sur le tableau les résultats obtenus par les enfants (le même mot ne figurant qu'une fois).

• Choisir parmi ces mots ceux qui répondent à la consigne.

• À partir des acquis sont attendus des arguments basés sur:

- le rôle de la publicité;
- la valeur, le sens du verbe;
- la situation d'énonciation dans la publicité: qui? s'adresse à qui? *pourquoi*?

• Réfléchir sur les mots retenus:

- ce sont des verbes qui donnent des ordres, proposent des exemples, expriment des promesses… pourquoi?
- ce sont des verbes qui ne sont pas accompagnés d'un pronom: pourquoi?

Conclusion

Ces verbes qui nous demandent d'agir – venir, essayer, acheter, manger – sont employés au présent du mode *impératif*.

à partir de

GS CP CE CM

Pour s'approprier la notion

SYSTÉMATISATION

Reproduction

▶ (CE) ✎ 1. Souligner des verbes à l'impératif contenus dans des publicités.

▶ (CE) ✎ 2. Dans des publicités, relier le verbe à l'impératif au nom et à la marque du produit.

▶ (CE) 3. Dans des publicités, différencier le *slogan* et le *texte.* Où rencontre-t-on le plus souvent l'impératif?

▶ (CE) ✎ 4. Sur le modèle d'un slogan contenant un verbe à l'impératif, écrire des slogans pour divers produits.

▶ (CM) 5. Encadrer les verbes qui ne sont pas au mode impératif dans les écrits d'une publicité.
Indiquer le mode utilisé.
Donner des raisons du non-emploi de l'impératif.

Conceptualisation

▶ (CE) ✎ 1. Remplacer l'impératif présent par l'indicatif présent dans des publicités.
Comparer l'impact publicitaire.

▶ (CE) ✎ 2. Remplacer la 2e personne du pluriel de l'impératif par d'autres personnes dans des publicités.
Comparer l'impact publicitaire.

▶ (CE) ✎ 3. Fabriquer des slogans publicitaires en utilisant la 2e personne du pluriel de l'impératif.

▶ (CE) 4. Définir le rôle de l'impératif dans les écrits publicitaires: convaincre, faire agir, stimuler, inciter à l'achat, donner confiance, susciter l'espoir, dynamiser, imposer, ordonner…

Application

▶ (CE) ✎ S'approprier les règles de fonctionnement de l'impératif présent.
Appliquer ces règles d'écriture dans la rédaction d'écrits publicitaires.

à partir de

GS CP CE CM

RÉINVESTISSEMENT

▶ (CE) 1. Utiliser l'impératif à l'écrit et à l'oral dans diverses situations.

▶ (CM) 2. Étudier la syntaxe particulière de la publicité :
- le *slogan* dépouillé de mots inutiles pour avoir plus d'impact ;
- les *ellipses*, nombreuses : seuls les mots clefs sont gardés ;
- les *mots* : courts, pertinents, amusants, allusifs, provocants, déformés, à double sens, opposés, inventés, au sens propre ou figuré, jeux de mots, calembours…
- les *citations*, les *dictons*, les *proverbes*, les *mots historiques*, dans leur sens propre ou détourné.

▶ (CM) 3. Étudier les effets de style : emphase, litote, redondance, évocation, allusion, interpellation, opposition, répétition…

▶ (CM) 4. En éducation civique, réfléchir sur publicité et liberté.
- Se poser des questions sur l'impact de la publicité : modifie-t-elle des comportements ?
- Observer les hommes, les femmes, les enfants à travers la publicité : ils sont beaux, intelligents, heureux, car ils possèdent le produit vanté. Est-ce toujours vrai ?
- Penser à ceux qui ont acheté un produit sans trouver le bonheur promis dans la publicité. Pourquoi ?
- Se demander si la publicité dit tout sur un produit : tout message publicitaire est conçu pour faire agir avant de faire savoir, tout en jouant sur l'ambiguïté des deux fonctions.
- S'informer sur le rôle du BVP (Bureau de vérification de la publicité) pour éviter la publicité mensongère.
- Imaginer la vie sans publicité.
- Donner des raisons de la maintenir.
- Conclure à l'utilité de la publicité mais à la nécessité d'être vigilant.

INTÉRÊT

Devenir un lecteur de publicité averti et critique.

Document d'appoint

La démarche pour l'appropriation de l'impératif par la publicité peut être appliquée à d'autres notions grammaticales. La publicité permet en effet d'étudier en situation fonctionnelle.

Verbes	très fréquents : vivre, libérer, aimer, changer, connaître, rêver, avancer, moderniser…
Adverbes	fortement, jamais, incroyablement, miraculeusement…
Adjectifs	très fréquents : merveilleux, éblouissant, magnifique…
Superlatif Suffixe Préfixe	le meilleur, le plus… -issime… hyper-, maxi-, anti-…
Infinitif	non-personnalisation : chacun est concerné
Phrase sans verbe Phrase allongée	souvent les slogans explication pour un nouveau produit
Redondance Comparaison Métaphore Métonymie Synecdoque Hyperbole Paradoxe Paronymie Homonymie Polysémie	répétition du même mot « peau douce comme… » « mettez-vous dans le bain » « boire un verre » mise en relief d'un élément d'un objet ; par exemple le tableau de bord pour une voiture unique au monde « tendre pour les durs » collision-collusion seau et sot « voiture plus sûre, plus sûr de vous »
Jeux de mots, citations, dictons, proverbes détournés ou pris au pied de la lettre, allusion à des mots historiques. Slogans, calembours. Utilisation de néologismes : « insectiphage ». Utilisation de la scientificité : « sérum gérovital ».	

LES CONTENUS DE L'INFORMATION

7

Constituer un capital de mots

Acquis d'appui

Être à même de reconnaître des mots sous des formes différentes et dans des contextes variés et savoir les utiliser à bon escient dans diverses situations.

SITUATION-PROBLÈME

À partir de supports différents, découvrir et s'approprier des mots pour enrichir le **capital de mots**.

Conseils

Tous les mots découverts ne feront pas partie du capital de mots. Ils seront sélectionnés par rapport à:

- leur charge affective;
- la justesse de l'image mentale quand l'enfant s'est approprié la signification du mot;
- la fréquence;
- la présence de syllabes «intéressantes».

Déroulement

Proposer des situations-problèmes de lecture où l'enfant découvre des mots nouveaux pour comprendre un message.

Pour que l'enfant perçoive le sens d'un écrit quand il ne connaît pas certains mots, il faut que 80% des éléments du texte soient des acquis d'appui. Il peut alors, à partir de ce qu'il sait, émettre des hypothèses pertinentes pour déduire ce qu'il ne sait pas et construire ainsi le sens du message.

Les 80% sont constitués par les connaissances antérieures qu'il a sur le sujet, les indices non linguistiques (mises en page et mises en valeur) qui l'aident à s'approprier la situation d'énonciation et les indices linguistiques (mots et indices liés au fonctionnement de la langue).

Les textes de presse sont intéressants parce qu'ils proposent des informations qui appartiennent au vécu de l'enfant, parce que le nombre et la diversité des mises en page et des mises en valeur sont des repères importants, parce que le langage appartient à la vie quotidienne.

Les mots découverts pendant le traitement d'un écrit de presse le sont dans une situation fonctionnelle, dans un contexte authentique.

à partir de

GS CP CE CM

Pour s'approprier la notion

SYSTÉMATISATION

Reproduction

Un mot nouvellement découvert.

▶ ✎ 1. Le lire, l'écrire avec puis sans modèle.
Associer un dessin au mot quand c'est possible (constituer ainsi un « dictionnaire » individuel).

▶ ✎ 2. Reproduire le contexte de découverte du mot : copie individuelle ou livre collectif.

▶ ✎ 3. Inscrire le mot :
- dans un fichier individuel ou/et collectif ;
- dans un fichier thématique ;
- dans un répertoire alphabétique.

Conceptualisation

Mémorisation du mot : étape capitale

▶ 1. Reconnaître le mot parmi des mots différents.
Introduire des variables de difficulté : nombre de mots, ressemblance, dispersion dans un espace plus ou moins large, temps d'observation plus ou moins long...

▶ 2. Reconnaître le mot sous des graphies différentes.

▶ 3. Reconnaître le mot dans des contextes différents du contexte initial.

▶ (CP) 4. Associer le mot à d'autres mots (champ sémantique).

▶ (CP) 5. Donner les contraires du mot.

▶ 6. Reconnaître un mot à partir d'éléments de ce mot :
- mot en partie dissimulé par un cache plein ;
- mot en partie dissimulé par un cache évidé ;
- mot en partie dissimulé par un cache évidé mobile.

▶ ✎ 7. Utiliser le mot dans diverses phrases.

Pour les exercices de systématisation/mémorisation et pour intégrer les mots nouveaux, un ouvrage de référence :
Méthode de lecture rapide, François Richaudeau, Paris, Retz, 1982, nouv. éd. 1993.

à partir de

GS CP CE CM

Application

1. Classer par ordre alphabétique des mots connus à partir de leur première syllabe commune.
2. Pour découvrir une nouvelle syllabe :
   - comparer des mots contenant une syllabe commune ;
   - mémoriser la syllabe : mêmes exercices que ceux réalisés pour le mot ;
   - associer l'image de la syllabe et le son correspondant ;
   - utiliser la syllabe comme acquis d'appui pour émettre des hypothèses sur un mot inconnu et restreindre le champ des interprétations possibles.
3. ✎ Employer la syllabe pour écrire de nouveaux mots.
4. Pour découvrir une nouvelle lettre :
   - comparer des syllabes contenant une lettre commune mais sans dissocier la consonne de sa voyelle (la consonne sonne avec la voyelle) ;
   - mémoriser la lettre ;
   - utiliser la lettre comme acquis d'appui pour émettre des hypothèses sur une syllabe inconnue ;
   - utiliser la connaissance des lettres pour orthographier des mots (correspondance graphème, phonème et appropriation des marques lexicales et grammaticales).

RÉINVESTISSEMENT

✎ Lire et produire des textes de plus en plus longs et complexes, dans des disciplines différentes, par la maîtrise du système d'écriture et les connaissances de plus en plus nombreuses sur la structure et le fonctionnement de la langue (syntaxe, cohérence du discours par la logique spatiale et temporelle).

INTÉRÊT

Enrichir le langage, approfondir la connaissance de la langue, devenir un lecteur-producteur d'écrits performant.

Document d'appoint

Parallèlement au capital de mots, aider l'enfant à construire un capital de signes.
Les signes sont des indices d'appui qui aident l'enfant à accéder au sens des messages.

logo

Ferrari

CITROËN

symboles

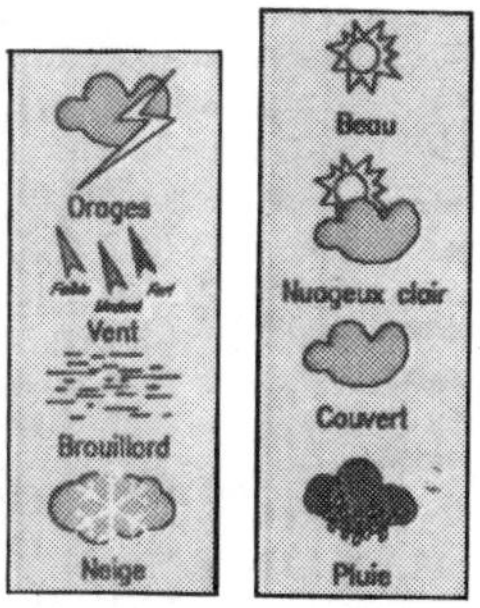

sigles

TF1

carte bleue

pictogrammes

e* +7.000F **signe**

emblèmes

49 900 F*
PRIX EQUIPÉE : ~~55 900 F~~
6 000 F
D'ÉCONOMIE
OFFERTE PAR FORD BOCQUET

chiffres

10.450F 9615F

LES CONTENUS DE L'INFORMATION

8

Lire les petites annonces

Acquis d'appui

Connaître l'existence de la rubrique des petites annonces et son rôle.
Facultatif: savoir localiser la rubrique et l'identifier par sa mise en page.
Être capable d'émettre des hypothèses sur le sens de mots ou d'expressions à partir d'indices linguistiques – mots abrégés, syllabes – et d'indices non linguistiques – dessins, symboles…

SITUATION-PROBLÈME

Comment aider un camarade dont la famille **recherche** un logement plus grand.

Conseils

- utiliser toute situation qui se présente dans la classe à titre individuel ou collectif et pour laquelle les petites annonces sont une réponse;
- ne pas proposer les régionaux dans un premier temps.

Déroulement

• Laisser les enfants émettre des hypothèses: téléphoner à une agence, demander aux parents, aux amis…

• Si la demande ne naît pas spontanément, suggérer aux enfants de prendre des renseignements complémentaires auprès de l'intéressé: maison ou appartement, achat ou location, nombre de pièces, lieu…

• À partir des acquis:
- est attendue l'hypothèse de la recherche dans les petites annonces (assurer une relance dans ce sens si c'est nécessaire);
- proposer alors des régionaux du jour;
- trouver rapidement la rubrique: si les enfants ne sont pas en mesure de le faire, le maître effectuera la recherche en expliquant sa stratégie car ce n'est pas l'objectif de la séquence pour les enfants;
- traiter la rubrique;
- comparer les procédés et définir une stratégie: repérer les indices qui indiquent les logements (mot, dessin…) et interpréter les données, par déduction, association d'idées, élimination…

Conclusion

Le langage des petites annonces est un langage abrégé qui présente des « histoires » diverses, résumées, supposées…

à partir de

GS CP CE CM

Pour s'approprier la notion

SYSTÉMATISATION

Reproduction

1. Sur la page des petites annonces d'un régional, entourer les indices qui permettent d'identifier de quoi parlent ces annonces : logo, symbole, mot, dessin, photo...
2. ✎ Faire une liste d'abréviations de noms, d'adjectifs, de verbes par catégories d'annonces.
   Les faire correspondre aux mots en entier.
3. Selon les annonces, émettre des hypothèses sur les nombres : prix, numéros de téléphone, superficie, kilométrage...
4. ✎ Reproduire une petite annonce en changeant quelques données.

Conceptualisation

1. Classer des petites annonces en deux catégories : celles qui proposent et celles qui demandent (« recherche... », « achète... »).
2. ✎ Lire une petite annonce et la transformer en texte, oralement ou par écrit.
3. Maîtriser les données énonciatives dans des petites annonces : qui ? passe une annonce à qui ? à propos de quoi ? pourquoi ?
4. ✎ Transformer un texte de type descriptif concernant un objet en petite annonce.
5. Caractériser le langage des petites annonces : langage concis, sans phrases, abréviations...

Application

✎ Fabriquer une rubrique de petites annonces :
- dessiner la maquette ;
- choisir la catégorie d'annonces (immobilier, objets...) ;
- placer un repère d'identification (sigle, logo, dessin...) ;

à partir de

GS CP CE CM

- rédiger 3 ou 4 annonces en prenant en compte l'énonciation et en respectant le code spécifique des petites annonces.

RÉINVESTISSEMENT

Lire

1. S'entraîner à la prise d'indices rapide par la lecture des petites annonces.

Écrire

2. Utiliser le système des abréviations pour une prise de notes rapide.
3. Instaurer une rubrique de petites annonces dans le journal scolaire ou dans un autre support.
4. Travailler sur le champ sémantique d'un objet, d'un service ou autre.
5. Étudier la syntaxe: phrase elliptique du verbe, phrase, noms, adjectifs…
6. En mathématiques: étudier les surfaces, les mesures, les prix, la numération…

Se servir des petites annonces

7. Rechercher des supports de petites annonces.
8. Savoir utiliser une petite annonce:
   - comparer avec d'autres annonces sur le même sujet dans d'autres supports;
   - s'informer sur le sujet auprès de personnes compétentes;
   - réfléchir à ce qui n'est pas dit dans l'annonce, demander des renseignements complémentaires ou se déplacer pour voir sans s'engager trop vite;
   - avoir compris l'intérêt de cette rubrique.

INTÉRÊT

Lire et s'informer par les petites annonces.

Savoir où et comment passer une petite annonce.

Document d'appoint

Comment faire passer une petite annonce

À partir de ces avis, un intéressant travail de lecture d'information peut être conduit dès la grande section de maternelle.

Des indices d'appui nombreux facilitent l'émission d'hypothèses:
- connaissances antérieures des enfants sur la publicité et sur les petites annonces;
- indices non linguistiques nombreux et pertinents;
- chiffres;
- indices linguistiques connus ou aisés à découvrir.

LES CONTENUS DE L'INFORMATION

9

Dégager le plan d'un article

Acquis d'appui

Pouvoir lire un court article.
Savoir situer l'énonciation dans l'attaque de l'article.
Être capable d'utiliser la mise en page et les mises en valeur.

SITUATION-PROBLÈME

Mettre en évidence le plan utilisé dans la rédaction des articles.

Conseils

- choisir 2 à 3 articles courts, de genres différents, ne présentant pas de difficulté de compréhension et dont les sujets intéressent les enfants;
- proposer des articles construits selon le plan le plus fréquent et dont les paragraphes sont bien mis en évidence;
- expliciter le plan, c'est-à-dire les différentes parties qui composent l'article.

Déroulement

- Laisser les enfants agir et s'exprimer librement.
- Assurer la relance si c'est nécessaire en précisant que chaque article comporte 3 parties et proposer de les entourer pour matérialiser le plan.
- Comparer les résultats.
- Faire verbaliser les stratégies mises en place.
- À partir des acquis sont attendues, entre autres, des propositions basées sur:
  - la lecture de l'article et la recherche du sens par la maîtrise de l'énonciation;
  - la reconnaissance de l'attaque;
  - l'utilisation des indices non linguistiques de la mise en page et des mises en valeur pour différencier les parties.
- Donner le nom des différentes parties.

Conclusion

Comparer dans les articles le rôle des composants et déduire:
- dans l'*attaque*: l'énonciation est exposée;
- dans le *corps*: l'énonciation est explicitée;
- dans la *chute*: une conclusion est apportée.

à partir de

GS CP CE CM

Pour s'approprier la notion

SYSTÉMATISATION

Reproduction

▶ CE ✎ 1. Hachurer de couleur différente chacune des 3 parties d'un article court et écrire leur nom (attaque, corps, chute).

▶ CE 2. Résumer l'attaque d'un article court en exposant l'énonciation.

▶ CE ✎ 3. Recomposer un article court préalablement découpé en 3 parties et justifier l'assemblage par le sens des écrits de chaque partie.

▶ CE 4. Énumérer les procédés typographiques qui mettent en relief le plan d'un article: titre, intertitres, espaces, majuscules accentuées, alinéa…

Conceptualisation

▶ CE ✎ 1. Masquer l'attaque d'un article court, puis la faire rédiger aux élèves.
Comparer avec le texte original.

▶ CE 2. Étudier les attaques de différents articles en vue de caractériser une « bonne » attaque.

▶ CE ✎ 3. Mêmes exercices avec les chutes.

▶ CE ✎ 4. Rédiger un intertitre pour chacune des parties d'un article court composé sur le plan classique: attaque, corps, chute.

▶ CM 5. Repérer des articles qui ne sont pas construits sur le plan classique.

Application

▶ CE ✎ 1. Récrire une brève (article le plus court qui n'expose que l'énonciation) en la transformant en article composé sur le plan « classique ».

▶ CE ✎ 2. Récrire en le transformant en brève un article de composition complexe.

à partir de

GS CP CE CM

RÉINVESTISSEMENT

Lire

1. Adapter la lecture d'un texte à son « architecture » pour être rapide, en prenant pour cela des points d'appui sur les alertes typographiques qui jalonnent les différents temps du récit.
2. Après avoir étudié la composition de différents articles de genres variés, déduire la spécificité de la rédaction d'écrits de presse :
   - dire presque tout très vite ;
   - traiter les événements selon leur importance et pas forcément selon la chronologie ;
   - hiérarchiser l'information pour mettre en relief les éléments essentiels du texte.

Produire

✎ 1. Construire un texte cohérent :
   - savoir planifier un récit ;
   - construire une mise en page au service du plan ;
   - employer les ellipses, les pronoms pour assurer le suivi du récit ;
   - mettre en valeur les liaisons entre les différentes parties du discours par la typographie ;
   - respecter les cohérences temporelles et causales du récit (mots de liaison, temps, concordance des temps...).

INTÉRÊT

Lire rapidement en s'appuyant sur les alertes typographiques qui jalonnent le plan de l'article.
Produire efficacement.

Document d'appoint

Journal : *Le Provençal*
Genre : filet
Plan courant

Le coup de colère de l'Abbé Pierre

attaque

L'Abbé Pierre a lancé hier soir sur France 2 une vibrante mise en garde contre le Front national, appelant les Français à *"ne pas jouer avec le feu"*, et s'est déclaré *"malheureux"* que 12% aient voté pour ce parti.

corps

Rendant hommage au maire de Lyon Michel Noir, qui *"a préféré risquer son siège, plutôt que son âme"*, l'Abbé Pierre a fait allusion à Jean-Marie Le Pen, estimant que les électeurs du Front national avaient été *"dupés, trompés, par quelqu'un qui, à un moment de sa vie, a gagné sa vie en vendant des disques pour la propagande des chansons nazies"*.

L'Abbé Pierre a d'autre part souhaité que se fasse *"l'unanimité pour un inventaire de nos souffrances"* et rappelé le sort de *"9% des Français qui vivent dans des conditions inhumaines d'habitation et*

Le fondateur d'"Emmaeus" met en garde contre le Front national.

corps suite

d'existence" et des *"trois millions de chômeurs"*.

chute

Se déclarant *"profondément mondialiste et européen"*, l'Abbé Pierre s'est par ailleurs déclaré *"fier d'être Français, car la France a montré qu'il y a la liberté et que, sans violence, la responsabilité passe des uns aux autres"*.

Dans l'attaque : l'énonciation
qui ? l'abbé Pierre
quand ? hier soir
où ? sur France 2
de quoi ? J.-M. Le Pen
pourquoi ? tristesse après le vote.

Dans le corps : des faits en rapport avec l'énonciation.

Dans la chute : un sentiment, une réflexion personnelle, moralisatrice.

Dans un bon article : 80 % de l'information est livrée entre la titraille et l'attaque.
Le taux de lecture baisse rapidement après 50 mots.
Il baisse peu entre 50 et 500 mots.
La chute, si elle intéresse, peut remobiliser pour lire le corps de l'article.

LES CONTENUS DE L'INFORMATION

10

Découvrir des types de textes

Acquis d'appui

Maîtriser l'énonciation pour lire une image.
Connaître les spécificités d'une BD.
Savoir construire un récit cohérent avec une ponctuation pertinente.

SITUATION-PROBLÈME

Rédiger à partir d'une BD un texte qui fasse apparaître **les différents moments du récit**.

Conseils

- proposer une BD de 4 séquences au maximum qui relate un récit intéressant pour des enfants, dont la compréhension soit aisée et qui corresponde au type de texte à découvrir;
- préciser que le texte doit être court: une phrase par séquence.

Exemple: BD de type narratif, *Pif le chien.*

Situation initiale: Pif a fait tomber sa clef dans l'égout.
Événements successifs : Pif s'aide d'un aimant et de la plaque d'égout amovible.
Situation finale: Pif est perplexe car il a récolté beaucoup de clefs.

Déroulement

- À partir des acquis sont attendus entre autres:
  - une lecture des images qui composent la BD;
  - une mise en relation des séquences pour donner son sens au récit;
  - une mise en page du récit qui mette le plan en relief;
  - un récit où logiques causale et temporelle soient respectées;
  - un discours où la typographie mette en valeur les différentes parties et leur articulation.
- Comparer les récits obtenus et choisir un récit consensus.

Conclusion Qualifier ce type de texte: *narratif.*

à partir de

GS CP CE CM

Pour s'approprier la notion

SYSTÉMATISATION

Reproduction

1. À partir d'une BD construite comme la BD ci-contre, reproduire, oralement ou/et par écrit, un récit de type narratif sur le modèle du texte consensus obtenu ci-contre.
   Cet exercice est à réexploiter avec des BD différentes.
2. Lire un court récit de type narratif.
   Exposer oralement la situation initiale, les événements, la situation finale.
3. Reconstituer un court récit de type narratif découpé en ses 3 parties.
   Justifier la recomposition effectuée.
4. Construire un récit en suivant le schéma:

situation initiale présentant le héros	Des événements positifs ou négatifs pour le héros	situation finale cohérente avec la situation initiale

Conceptualisation

1. Parmi différents récits courts et de types différents, proposés oralement ou par écrit, reconnaître les textes de type narratif. Justifier les réponses.
2. Un récit de type narratif: la situation initiale et la situation finale étant données, écrire des événements intermédiaires possibles.
3. Récrire un récit de type narratif, écrit d'une manière compacte, en mettant en relief le schéma de base:
   - par des procédés typographiques;
   - par la ponctuation;
   - par des espaces;
   - par le soulignement des mots de liaison.
4. Écrire sous la dictée un court récit de type narratif et placer la ponctuation qui convient.

à partir de

GS CP CE CM

▶ 5. Inventer une BD sur le schéma du récit narratif.

Application

▶ ✎ 1. Dans un texte de type narratif, supprimer les éléments qui ne sont pas indispensables à la compréhension du récit.

▶ ✎ 2. Rédiger un compte rendu de match sous la forme d'un récit de type narratif.

▶ 3. Construire un reportage selon le schéma du récit narratif.

RÉINVESTISSEMENT

▶ 1. Reconnaître le conte comme un cas particulier de texte narratif.

Produire

▶ 2. Étudier la présence et l'importance des mots de coordination dans un texte de type narratif: et, ensuite, alors, puis... qui donnent une cohérence temporelle aux discours.

▶ 3. Par comparaison, déduire les caractéristiques d'autres types de texte: programmatif, explicatif, descriptif, argumentatif...
Dégager progressivement les schémas de base des principaux types de texte.

▶ ✎ 4. Selon la situation et l'objectif, savoir choisir et utiliser différents types de textes.

Lire

▶ 5. Réinvestir ces connaissances pour développer des compétences de lecteur rapide: le schéma de base d'un récit, mis en relief par la mise en page, différentes mises en valeur et la ponctuation, permet d'utiliser des stratégies de lecture partielle; en effet, l'attention est attirée par les éléments essentiels du discours auxquels « s'accrocher » pour que le sens du message soit respecté.

INTÉRÊT
Lire et produire efficacement.

Document d'appoint

Au CM, améliorer les performances de lecteur

Suite au dernier exercice de réinvestissement, à compléter par la page 147 de la 3e partie (schémas des types de textes).

Types de texte	*Stratégies de lecture possibles*	*Points d'appui*
Programmatif	intégrale	tout le texte à cause de la chronologie à respecter
Narratif	partielle survol-écrémage repérage	- la situation initiale - les mises en relief dans le récit pour signaler les événements qui se succèdent (cf. la lisibilité) - la situation finale
Descriptif	partielle survol-repérage	- la présentation du sujet ou de l'objet ou... - les mises en relief correspondant aux compléments d'information sur le sujet, l'objet...
Explicatif	partielle survol-écrémage repérage	- l'événement - les mises en relief dans la présentation de la cause et des conséquences de l'événement
Argumentatif	partielle survol-écrémage repérage	les « accroches » argumentatives

LES CONTENUS DE L'INFORMATION

11

Caractériser un « bon » titre

Acquis d'appui

Connaître les composants d'un article.
Connaître des procédés de mise en valeur.
Maîtriser l'énonciation.
Être sensibilisé à la fonction de certains signes de ponctuation.

SITUATION-PROBLÈME

Écrire le titre caché d'un article annoncé à la « Une ».

Conseils

- choisir un article illustré dont le sujet intéresse les enfants et dont le sens est facilement accessible ;
- dissimuler le titre par un cache ;
- faire émettre des hypothèses sur la consigne à partir du matériel proposé ;
- selon le niveau des enfants, demander que le titre soit proposé oralement ou par écrit.

Déroulement

- Laisser les enfants agir et s'exprimer librement.
- À partir des acquis sont attendues, entre autres, des hypothèses basées sur :
  - pour les contenus : l'énonciation déduite de la lecture de l'image, de sa légende et du message ; le genre de l'article, le type de texte, en cohérence avec l'énonciation devant induire pour le titre un certain vocabulaire, un certain style, une certaine ponctuation…
  - pour la forme : l'emplacement à la « Une », l'importance de l'article dans la page et les contenus devant induire pour le titre des propositions sur la longueur, la couleur, la taille et l'épaisseur des lettres, le choix des caractères, etc.
- Choisir le titre le plus en accord avec les données précédentes.
- Vérifier en comparant avec le vrai titre.

Conclusion

Dans un « bon » titre, la forme et les contenus doivent « accrocher » et donner envie de lire l'article.

à partir de

GS CP CE CM

Pour s'approprier la notion

SYSTÉMATISATION

Reproduction

1. Décrire, dans la forme et le contenu, le titre le plus accrocheur d'une « Une ».
2. Répertorier les signes de ponctuation le plus souvent utilisés dans les titres et définir à quelles situations ils correspondent : interroger, déclarer, choquer, amuser…
3. Répertorier les procédés de style utilisés dans la rédaction des titres au fur et à mesure de leur découverte et reproduire des titres sur ces modèles : phrase elliptique du verbe, style direct ou indirect, comparaison, questionnement, jeu de mots, euphémisme, redondance entre le titre et le chapeau, hyperbole, paradoxe, etc.

Conceptualisation

1. Lire silencieusement un court article titré.
   Lire le titre à haute voix (ne pas oublier que les titres étaient autrefois criés par les porteurs de journaux).
   Moduler l'intonation selon la ponctuation.
   Justifier la ponctuation par le sens général du message.
2. Émettre des hypothèses sur le contenu d'un article à partir de son titre et les vérifier par la lecture de l'article.
3. Classer des titres :
   - selon le procédé de style utilisé ;
   - selon leur fonction : informer, expliquer, exprimer une idée personnelle.

   Associer le style et la fonction du titre.

Application

1. Des titres et des articles ayant été séparés, redonner son titre à chaque article.
   Justifier dans le titre le choix de la ponctuation, du style, du contenu, par rapport au sens de l'article.

à partir de

GS CP CE CM

2. Hiérarchiser les différents éléments de la titraille d'un article : titre, sous-titre, intertitre, chapeau et justifier l'intérêt de chaque composant.
3. Comparer des titres d'articles traitant d'un même sujet dans des supports différents et choisir celui qui est le plus en accord avec le sens du message.
Justifier le choix.
4. Rechercher pourquoi une brève peut se passer de titre.
5. Après l'étude des titres, déduire une stratégie de rédaction : un titre doit-il être écrit avant ou après le texte de l'article ?

RÉINVESTISSEMENT

Lire

1. Argumenter sur l'intérêt des titres dans la lecture du journal : lors du *survol* des pages ils permettent de saisir l'essentiel des informations.
Le titre et l'attaque constituent 80 % de l'information.

Produire

2. Découvrir ou approfondir des aspects du fonctionnement de la langue à travers des données lexicales et syntaxiques de titres.
3. ✎ Réinvestir les connaissances sur les titres pour rédiger la titraille du journal scolaire.

INTÉRÊT
Choisir de lire certaines informations après le survol des titres.

Document d'appoint

Les grandes fonctions des titres*

Partisan

IL A BATTU LE REAL (4-1)

SUPER P.S.-G.!

Le Parisien 19.3.1993

* d'après A. Cipza et C. Hermelin, *La presse, un outil pédagogique,* Retz 1981.

Informatif

SOCIETE 1623 - Dimanche 14 Mars 1993 -

La "Tempête du siècle" paralyse l'est des Etats-Unis

Explicatif

L'EMPLOI 1008 LE PARISIEN LUNDI 5 AVRIL 1993

Elie voit son avenir dans les chiffons

LES CONTENUS DE L'INFORMATION

12

Répertorier des facteurs de lisibilité

Acquis d'appui

Connaître la composition d'un article de plan « courant ».
Savoir localiser l'énonciation dans l'attaque.
Connaître les schémas de base des principaux types de textes.
Connaître les caractéristiques d'une « bonne » titraille.
Connaître les caractéristiques d'une « bonne » mise en page.
Connaître des procédés de mise en valeur.

SITUATION-PROBLÈME

Récrire le texte d'un article dactylographié d'une manière compacte pour en améliorer la **lisibilité**.

Conseils
- choisir un article titré, construit sur le plan classique, dont le sujet intéresse les enfants, dont l'accès au sens soit aisé et dont la lisibilité soit particulièrement bonne ;
- définir la lisibilité ;
- faire préciser que le texte présenté n'est pas l'original et faire émettre des hypothèses sur la façon dont il a été obtenu.

Déroulement

• Laisser les enfants s'exprimer librement sur les causes du caractère pénible de la lecture et rechercher des remèdes.

• Sont attendues, entre autres, des propositions basées sur le réinvestissement des acquis d'appui.

• Si les enfants ne sont pas partis du *sens,* du genre et du type de texte selon l'énonciation, recentrer la recherche.

• Classer les procédés en deux catégories :
- ceux qui mettent en évidence l'architecture du texte ;
- ceux qui ont trait aux mises en relief de lettres, de mots ou d'expressions clefs.

• Récrire un texte ensemble en tenant compte de ces données.

• Vérifier en comparant avec l'article original.

Conclusion

La lisibilité d'un récit est bonne si la mise en forme met en relief le *sens* des contenus.

à partir de

GS	CP	CE	CM

Pour s'approprier la notion

SYSTÉMATISATION

Reproduction

▶ CE ✎ 1. Dans un texte d'article où l'ossature et les mots clefs sont apparents, colorier d'une couleur les mises en valeur de l'architecture et d'une autre couleur les mises en relief des mots clefs.

▶ CE ✎ 2. Répertorier au fur et à mesure des découvertes des procédés qui servent la lisibilité.

Conceptualisation

▶ CE ✎ 1. Pour un texte d'article dont « l'architecture » n'est pas apparente, utiliser des procédés divers pour la mettre en relief: titrer, sous-titrer, surtitrer, matérialiser par des espaces ou des traits les différentes parties du récit, annoncer le début des paragraphes par des « alertes » typographiques...

▶ CE ✎ 2. Dans un texte d'article dont les « mots clefs » ne sont pas mis en valeur, utiliser des procédés divers pour les mettre en relief: souligner, encadrer, colorier, accompagner de symboles, changer les caractères d'imprimerie, grossir la ponctuation, laisser des espaces, hiérarchiser les titres...

▶ CE ✎ 3. Mettre en évidence des éléments essentiels selon le type de texte. Par exemple pour un texte descriptif, faire ressortir l'objet principal de la description et les objets qui lui sont associés.

▶ CE ✎ 4. À partir du répertoire établi durant le second exercice de reproduction, construire une grille de lisibilité qui servira à évaluer la lisibilité d'articles divers.

Application

▶ CE ✎ Nommer et ordonner chronologiquement les étapes de la fabrication d'un article bien lisible:
- maîtriser l'énonciation et la présenter dans l'attaque;
- composer le corps du texte en veillant à ce que l'ossature corresponde au genre et au type de texte choisi;

à partir de

GS CP CE CM

- soigner la chute du récit;
- mettre en évidence l'architecture du texte et les mots clefs par divers procédés;
- Écrire le titre et, selon le cas, les intertitres, les surtitres, le chapeau, etc.;
- choisir des images qui aident à accéder au sens du message.

RÉINVESTISSEMENT

1. Comparer la lisibilité de deux articles portant sur le même sujet dans des supports différents (référence à la grille établie durant le dernier exercice de conceptualisation, page précédente).
2. ✎ Dessiner le trajet suivi par le regard parcourant un article dont la lisibilité est bonne.

Lire

3. S'appuyer sur des indices de lisibilité pour parcourir un texte en respectant son *sens*.
   Le repérage : lorsque des mots ou des expressions sont mis en relief (typographie, ponctuation, espace…).
   L'écrémage : lorsque l'architecture du texte est apparente (paragraphes, divers titres, blancs…).
   Le survol : lorsque les accroches le permettent (symboles, couleur, majuscules…).

Produire

4. ✎ Réinvestir ces connaissances pour produire des écrits lisibles en toute discipline, en toute situation.

Réfléchir

5. L'article de presse est conçu pour aider le lecteur à aller vite au sens du texte.
   Les procédés utilisés peuvent-ils s'appliquer à toutes les productions ?

INTÉRÊT
Écrire lisiblement un texte.

Document d'appoint

Article de bonne lisibilité

HEURE VÉNITIENNE

Carnaval envahit Marseille

La fête a battu son plein, hier, cours d'Estienne-d'Orves baptisé pour l'occasion Piazza dell' Arsenale. La cité phocéenne a célébré, une nouvelle fois, ses épousailles avec la mer. Arlequin avait l'accent de la Provence et Mireille dansait la tarentelle sur des rythmes endiablés, où tous les goûts, toutes les couleurs et tous les genres s'abandonnaient à la fantaisie. Pour les Mickeys de toutes tailles, les Zorros en cascade et les panthères bipèdes n'avaient qu'un seul mot d'ordre : "bonne humeur !" (Photo Serge Mercier)

EN PAGE 3, L'ARTICLE D'ALAIN DUPUY

CARNAVAL

Marseille à l'heure vénitienne

La fête a battu son plein, hier, cours d'Estienne-d'Orves baptisé pour l'occasion Piazza dell' Arsenale. La cité phocéenne célébrait ses épousailles avec la mer

Photos Serge MERCIER

Mariage à l'italienne

Alain DUPUY

PIAZZA DELL' ARSENALE : TOUS LES GOUTS, TOUS LES GENRES...

A.D.

Journal : *Le Provençal,* 14.3.1993
Genre : reportage
Type : descriptif

Annonce à la « Une » :
- surtitre
- titre
- énonciation
- image en couleur

Suite en page n° 3 :
- grande image légendée

- surtitre
- gros titre informatif

- chapeau avec énonciation redondante
- intertitres

- corps du texte aux paragraphes bien séparés

- chute accompagnée de 2 images légendées

Et d'autres procédés :
- l'encadré pour désencombrer un texte ;
- les cartouches pour encadrer une inscription ;
- la lettrine, grande initiale ornée pour marquer le début d'un paragraphe ;
- des paragraphes rédigés dans des caractères différents...

LE CIRCUIT DE L'INFORMATION

1

S'informer sur le métier de journaliste

Acquis d'appui

Connaître, parmi des genres journalistiques, le reportage, l'interview, l'enquête.
Savoir consulter des documents et saisir l'essentiel pour un exposé, un compte rendu, un résumé.

SITUATION-PROBLÈME

Mener une **enquête** sur le métier de journaliste.

Conseils
- définir le mot « journaliste » par la connaissance intuitive, le dictionnaire ou autre ;
- redéfinir le mot « enquête » : dans la situation proposée, faire un point, le plus complet possible, sur un métier de la presse écrite, le journalisme.

Déroulement

• Avant de commencer l'enquête, faire s'exprimer les enfants sur ce qu'ils souhaitent connaître de la profession de journaliste. Par exemple les origines du métier, les différentes catégories de journalistes, la formation, le choix des informations, la vie quotidienne d'un journaliste.

• Émettre des hypothèses sur les moyens de se procurer ces renseignements : consultation des documents en BCD (bibliothèque centre de documentation), interview d'un journaliste, visite d'un centre de presse...

• Répartir les tâches : qui ? fait quoi ? comment ? où ? quand ?
- pour les travaux sur documents, recenser les écrits utiles : traiter les informations et les présenter sous forme d'exposé, de compte rendu, de résumé ou autre ;
- au centre de presse, le genre reportage « vivre et raconter » s'impose pour préciser le décor, l'atmosphère, le rythme de vie quotidien d'un journaliste sur son lieu de travail, des photographies pouvant compléter le reportage ;
- pour l'interview, qui peut être enregistrée, sont à prévoir des questions sur l'organisation du travail, les difficultés et les joies de la profession.

• Regrouper les informations.

à partir de

GS CP CE CM

Pour s'approprier la notion

SYSTÉMATISATION

Reproduction

▶ ✎ 1. Associer des métiers du journalisme aux genres correspondants :
- chroniqueur : chronique ;
- échotier : écho...

▶ 2. Rechercher les définitions de noms désignant des journalistes de terrain : reporter, enquêteur, critique...

▶ ✎ 3. Dans une liste de noms, barrer ceux qui ne désignent pas un journaliste. S'aider du dictionnaire.

Conceptualisation

▶ ✎ 1. Rédiger une charte du journaliste avec les obligations et les interdits du métier.
Comparer avec la charte réelle (voir le document d'appoint ci-après).

▶ ✎ 2. Faire le portrait d'un « bon » journaliste en présentant ses qualités humaines et professionnelles.

▶ 3. S'exercer à pratiquer des métiers du journalisme :
- saisir une information sur le vif et la transmettre ;
- critiquer un livre ;
- ✎ écrire un billet humoristique ;
- rédiger un éditorial pour le journal scolaire...

▶ ✎ 4. Raconter une journée sur le terrain d'un grand reporter de guerre.

Application

▶ ✎ Pour rédiger un article, se comporter en journaliste :
- bien choisir l'information ;
- prévoir le dispositif à mettre en place pour traiter au mieux le sujet : contact, documentation, visite, etc. ;
- adapter le genre, le type de texte, le style de l'article à la situation énonciative ;

à partir de

GS CP CE CM

- choisir, dans et autour du texte, une mise en page et une mise en valeur au service de l'énonciation ;
- respecter les délais pour la remise de l'article à l'impression ;
- respecter l'espace réservé dans la maquette.

RÉINVESTISSEMENT

Lire

1. La connaissance de rubriques signées par certains journalistes crée des attentes par rapport à la forme et aux contenus de l'article qui facilitent l'accès au sens du message.

Écrire

2. ✎ Écrire « à la manière » d'un journaliste spécialisé dans un genre déterminé.
3. Comparer dans deux supports, un quotidien et un magazine par exemple, les reportages sur un même événement. Chercher des causes possibles aux éventuelles différences.
4. Étudier l'évolution du métier de journaliste de Théophraste Renaudot à nos jours.
5. Étudier l'évolution des journaux de *La Gazette* de Renaudot à nos quotidiens.
6. Comparer le métier d'un journaliste de presse écrite et de presse parlée.

Réfléchir

7. Différents thèmes de réflexion :
   - un journaliste doit-il et peut-il « tout » dire ?
   - la responsabilité du journaliste à l'égard de ses lecteurs dans la transmission des informations ;
   - et s'il n'y avait plus qu'un seul journal ?
   - et si la presse disparaissait ?

INTÉRÊT

Mieux comprendre un métier de la communication.

Document d'appoint

Réfléchir aux contraintes morales de la profession

LA CHARTE DU JOURNALISTE.

Un journaliste, digne de ce nom :

— prend la responsabilité de tous ses écrits, même anonymes ;

— tient la calomnie, les accusations sans preuves, l'altération des documents, la déformation des faits, le mensonge pour les plus graves fautes professionnelles ;

— ne reconnaît que la juridiction de ses pairs, souveraine en matière d'honneur professionnel ;

— n'accepte que des missions compatibles avec la dignité professionnelle ;

— s'interdit d'invoquer un titre ou une qualité imaginaires, d'user de moyens déloyaux pour obtenir une information ou surprendre la bonne foi de quiconque ;

— ne touche pas d'argent dans un service public ou une entreprise privée où sa qualité de journaliste, ses influences, ses relations seraient susceptibles d'être exploitées ;

— ne signe pas de son nom des articles de réclame commerciale ou financière ;

— ne commet aucun plagiat, cite les confrères dont il reproduit un texte quelconque ;

— ne sollicite pas la place d'un confrère, ni ne provoque son renvoi en offrant de travailler à des conditions inférieures ;

— garde le secret professionnel ;

— n'use pas de la liberté de la presse dans une intention désintéressée ;

— revendique la liberté de publier honnêtement ses informations, tient le scrupule et le souci de la justice pour des règles premières, ne confond pas son rôle avec celui du policier.

(Charte des devoirs du journaliste
Juillet 1918 — révisée en 1939)

LE CIRCUIT DE L'INFORMATION

2

Remonter à la source des informations d'un régional

Acquis d'appui

Pouvoir accéder au sens d'un article par la maîtrise de l'énonciation.
Savoir identifier des rubriques par les mises en page, les mises en valeur, des mots ou expressions…

SITUATION-PROBLÈME

Faire correspondre des informations à leur **source possible**.

Conseils

- proposer des articles annoncés en « Une », des articles courts dont le sens soit aisément accessible, des rubriques facilement identifiables : horoscope, météo, programme TV, petites annonces ;
- définir le terme « source » avec les enfants et en trouver des synonymes : naissance, départ, origine, etc. ;
- proposer aux enfants des étiquettes indiquant des sources d'informations, qu'ils devront placer sur les informations correspondantes. Redéfinir, si c'est nécessaire, certains termes comme communiqué, correspondant, dépêche d'agence, etc.

Déroulement

• Laisser agir et s'exprimer librement les enfants.

• À partir des acquis :

- identification de la source par la connaissance des rubriques, par exemple pour les petites annonces : des commerçants, des propriétaires, etc. ;
- remontée à la source par un sigle d'agence : AFP…
- déduction du point de départ de l'information après la lecture de l'article, par le repérage de la citation des sources dans l'article, l'émission d'hypothèses à partir du sujet traité, des circonstances de l'événement…

Conclusion

Noter la diversité des sources d'informations dans un régional.

à partir de

GS CP CE CM

Pour s'approprier la notion

SYSTÉMATISATION

Reproduction

▶ ✎ 1. Dresser une liste des ressources matérielles à la disposition d'un centre de presse pour obtenir des informations : annuaire, Minitel, téléphone, centre documentaire, archives, ordinateur, autres journaux, radio, TV, films, vidéos, photographies, câbles, satellites…

▶ 2. Répertorier des personnes extérieures qui envoient des informations au journal : lecteurs, témoins occasionnels, associations, administrations, commerçants…

▶ 3. Chercher dans le dictionnaire la définition de « rumeur », de « on-dit ».
Réfléchir : une information qui paraît dans un journal peut-elle se construire à partir de ces données ?

▶ 4. Faire un exposé sur les agences de presse françaises et étrangères : fonctions, noms, nombres, sigles, implantations…

Conceptualisation

▶ ✎ 1. Classer des articles selon la provenance possible des informations reçues au centre de presse, recherchées sur le terrain, trouvées dans des documents.

▶ 2. À partir de l'exercice précédent, nommer les genres des articles qui appartiennent aux différentes sources (voir les informations traitées en 3e partie de cet ouvrage).

▶ 3. Composer la panoplie du journaliste en herbe : adresses utiles, ressources de l'environnement proche, dates de manifestations diverses – fêtes, anniversaires de faits historiques –, carnet pour une prise de notes sur le vif, appareil photo et magnétophone, dossiers de presse…

▶ 4. Interviewer 2 à 3 journalistes dont les fonctions sont différentes sur les sources de leurs informations.

à partir de

GS CP CE CM

Application

1. Mélanger des dépêches d'agence et les articles correspondants.
   Associer l'article et la dépêche à l'origine de l'information.
2. Étudier le langage particulier des dépêches.
   Rédiger un article à partir d'une dépêche.
   Comparer avec l'article du régional.
   Rédiger une dépêche à partir d'un article.
   Comparer avec la dépêche originale.
3. Visiter les archives d'un centre de presse.
   S'informer du système de classement des informations.

RÉINVESTISSEMENT

Réfléchir

1. S'interroger sur la nécessaire vérification des sources de l'information par le journaliste avant leur parution dans le journal.
   Imaginer des moyens pour s'assurer de la validité des faits annoncés.
2. Chercher des causes de la déformation d'une information dont la source est bonne :
   - à l'origine, l'histoire personnelle du témoin, le contexte du déroulement des faits ;
   - à la rédaction, les filtres liés aux contraintes de temps et d'espace, à l'appartenance à un journal, à l'interprétation des données...
   - à la lecture, l'histoire personnelle du lecteur, le contexte de réception des faits...
3. Comparer la traduction d'un même événement dans divers supports.
   Les sources sont-elles identiques ? Pourquoi trouve-t-on des différences ?

INTÉRÊT
Être vigilant et critique face à l'information.
Diversifier ses sources selon l'enjeu.

Document d'appoint

De la dépêche…

FRFR
FRA0548 4 G 0466 FRA /AFP-XD09
Justice-assises prév
Meurtre d'un jeune cambrioleur : un viticulteur devant les assises de l'Hérault

MONTPELLIER, 16 déc (AFP) - Un viticulteur de 47 ans, présenté comme un homme "attachant et jovial et qui prenait plaisir à aider autrui", a comparu jeudi devant les assises de l'Hérault pour le meurtre d'un jeune cambrioleur de 19 ans, après avoir cédé à la "panique" lors d'une troisième tentative de cambriolage dans le magasin de sa femme, une nuit de février 1991.

Noël Connes est accusé d'avoir volontairement donné la mort à Régis Rodriguez qui, avec trois complices, dont un enfant de 13 ans, tentait de cambrioler le débit de tabac de son épouse, Roselyne, le 14 février 1991 à Saint-André-de-Sangonis, à l'ouest de Montpellier.

Les plaidoiries devaient commencer en début de soirée et le verdict est attendu tard dans la nuit.

"Chez nous à la campagne, on n'est pas soumis au stress", a déclaré d'une voix hésitante le viticulteur, "alors quand quelque chose nous arrive, on n'est pas habitué". M. Connes, un homme qui "aime la lecture et la nature", a évoqué le climat de "panique" dans lequel il se trouvait le soir du meurtre. Le magasin de son épouse, acquis "en faisant beaucoup de sacrifices", un an plus tôt, avait déjà fait l'objet d'un cambriolage deux mois avant, puis d'une tentative de cambriolage un mois et demi plus tard.

Monter la garde

"J'en avais marre de cette bande, je voulais les coincer", devait déclarer aux gendarmes le viticulteur. Noël Connes avaient commandé une grille de protection plus solide. En attentant qu'on l'installe, il avait décidé de "monter la garde" dans le magasin, armé de deux fusils de chasse et d'un revolver à grenailles.

Il couchait depuis plusieurs nuits dans l'arrière-boutique, quand le 14 février, il est réveillé vers 1h00 du matin. Il voit deux silhouettes affairées devant la porte d'entrée. Au moment du passage d'un camion-poubelle, les deux individus s'esquivent pour revenir quelques instants plus tard. Le cadenas de la porte d'entrée est cassé, une silhouette s'avance. "J'ai crié: +Oh!+ et j'ai tiré sans attendre de réaction. J'étais surpris", reconnaît Noël Connes.

Régis Rodriguez, un jeune homme à l'enfance perturbée, déjà connu des services de police pour de petits vols mais au casier judicaire vierge, s'effondre, tué sur le coup. Huit impacts de chevrotine dans le thorax et le bras droit sont relevés.

"On n'a jamais raison quand on tue", a déclaré aux psychologues le viticulteur qui, selon son épouse, "vit refermé sur lui-même" depuis le drame.

Pour sa défense, Michel Cros, président du syndicat
est venu "affirmer la solidarité des 465 débitants", q
"profession la plus exposée à la délinquance".
ff/gbo/mc

AFP 161948 DEC 93

… à l'article

"On n'a jamais raison quand on tue"

Un viticulteur est jugé aux Assises de l'Hérault pour le meurtre d'un jeune cambrioleur

Un viticulteur de 47 ans, présenté comme un homme "*attachant et jovial et qui prenait plaisir à aider autrui*", a comparu hier devant les assises de l'Hérault pour le meurtre d'un jeune cambrioleur de 19 ans, après avoir cédé à la "*panique*" lors d'une troisième tentative de cambriolage dans le magasin de sa femme, une nuit de février 1991.

Noël Connes est accusé d'avoir volontairement donné la mort à Régis Rodriguez qui, avec trois complices, dont un enfant de 13 ans, tentait de cambrioler le débit de tabac de son épouse, Roselyne, le 14 février 1991 à Saint-André-de-Sangonis, à l'ouest de Montpellier. Les plaidoiries devaient commencer en début de soirée et le verdict est attendu tard dans la nuit.

"*Chez nous à la campagne, on n'est pas soumis au stress*", a déclaré d'une voix hésitante le viticulteur, "*alors quand quelque chose nous arrive, on n'est pas habitué*". M. Connes, un homme qui "*aime la lecture et la nature*", a évoqué le climat de "*panique*" dans lequel il se trouvait le soir du meurtre. Le magasin de son épouse, acquis "*en faisant beaucoup de sacrifices*", un an plus tôt, avait déjà fait l'objet d'un cambriolage deux mois avant, puis d'une tentative de cambriolage un mois et demi plus tard.

Il couchait depuis plusieurs nuits dans l'arrière-boutique, quand le 14 février, il est réveillé vers 1 h 00 du matin. Il voit deux silhouettes affairées devant la porte d'entrée. Au moment du passage d'un camion-poubelle, les deux individus s'esquivent pour revenir quelques instants plus tard. Le cadenas de la porte d'entrée est cassé, une silhouette s'avance. "*J'ai crié: "Oh!" et j'ai tiré sans attendre de réaction. J'étais surpris*", reconnaît Noël Connes.

Régis Rodriguez, un jeune homme à l'enfance perturbée, déjà connu des services de police pour de petits vols mais au casier judicaire vierge, s'effondre, tué sur le coup. Huit impacts de chevrotine dans le thorax et le bras droit sont relevés.

"*On n'a jamais raison quand on tue*", a déclaré aux psychologues le viticulteur qui, selon son épouse, "*vit refermé sur lui-même*" depuis le drame.

À partir du rouleau de télex remis gratuitement par le centre de presse.

LE CIRCUIT DE L'INFORMATION

3

Reconstituer le circuit de l'information

Acquis d'appui

Savoir lire un texte.
Savoir rechercher dans des documents.
Savoir résumer un texte.
Savoir ordonner chronologiquement des actions.

SITUATION-PROBLÈME

Noter les **étapes** du cheminement de l'information, **de son origine à son arrivée** chez le lecteur, après avoir consulté divers documents.

Conseils

- proposer des documents faciles d'accès sur le sujet : BT (bibliothèque de travail Freinet, Tout l'Univers, malette ARPEJ, vidéo prêtée par les centres de presse, reportage photographique sur le sujet, BD, etc. et les adapter aux enfants ;
- limiter le nombre d'étapes : entre 6 et 10 selon le niveau des enfants.

Déroulement

- Rechercher librement dans les documents.
- Trier les documents répondant le mieux à la consigne.
- Sélectionner les informations utiles.
- Résumer chaque étape.
- Ordonner l'ensemble des données recueillies.
- Comparer les résultats obtenus et argumenter.
- Vérifier les propositions par un va-et-vient entre les documents et le texte obtenu.
- Choisir ou rédiger un texte consensus.
- Imaginer des horaires approximatifs pour les points de départ et d'arrivée de l'information.

Conclusion

Malgré les différentes étapes à franchir, une information se transmet très rapidement.
Voir le document d'appoint ci-après.

à partir de

GS CP CE CM

Pour s'approprier la notion

SYSTÉMATISATION

Reproduction

1. S'informer sur les moyens modernes de transmission de l'information : satellites, câbles, fax, télex...
2. Définir des métiers qui jalonnent le circuit de l'information et qui n'appartiennent pas au journaliste : claviste, monteur, photograveur, imprimeur...
3. Associer l'outil, la machine ou l'instrument au métier (voir l'exercice précédent).
4. Chercher dans le dictionnaire la définition des mots suivants : calibrage, composition, gabarit, montage.
   - à quel métier font-ils référence ?
   - quels sont les outils utilisés ?
   - à quelle étape du circuit de l'information interviennent-ils ?

Conceptualisation

1. Commenter les images d'une vidéo sur le circuit de l'information dont le son est volontairement coupé.
2. ✎ Construire la frise chronologique du circuit de l'information, de son origine à son arrivée chez le lecteur.
3. ✎ Compléter par l'image ou par l'écrit une bande dessinée qui retrace le chemin de l'information et dont certaines séquences ont été enlevées.

Application

✎ Écrire un texte de type programmatif qui retrace le chemin de l'information.

RÉINVESTISSEMENT

1. Réfléchir sur la transmission actuelle des informations. Recenser des conséquences du développement des nouveaux moyens de communication.

à partir de

GS CP CE CM

✎ 2. En histoire, étudier la naissance de l'imprimerie.
- Construire un exposé sur Gutenberg qui précise l'origine du mot « presse » et réfléchir sur les conséquences du développement de l'imprimerie.
- Imaginer le circuit d'une information de *La Gazette* de Renaudot.

3. En technologie, expérimenter différents procédés d'impression.

4. S'informer sur la diffusion :
- énumérer différents moyens de se procurer un journal ;
- répertorier les points de vente de quotidiens dans un quartier ;
- enquêter auprès d'un point de vente sur les horaires d'arrivée des quotidiens, le nombre de journaux vendus en moyenne, le devenir des invendus, le conditionnement, les événements susceptibles de faire monter les ventes, etc. ;
- étudier les courbes de vente d'un régional dans ces dernières années ;
- en géographie, rechercher les zones de diffusion de quelques régionaux.

INTÉRÊT

Comprendre les impératifs, les contraintes des métiers de la presse (le temps et l'espace).

Remarque

De la GS au CM2, la réflexion s'exercera d'abord sur la forme d'un article puis sur un écrit court et enfin sur des textes de plus en plus longs et complexes.

Application

La lecture d'article(s) peut engager à: présenter un résumé, rédiger un compte rendu, faire un exposé, conduire une interview auprès de l'émetteur, transformer un article en dialogue, critiquer un article, récrire un article, préparer une revue de presse, fabriquer des dossiers de presse, chercher des compléments d'informations...

RÉINVESTISSEMENT

Lire

Développer des compétences de lecteur rapide et efficace.

Produire

Réinvestir les connaissances acquises par la lecture pour produire des textes très diversifiés et devenir capable de faire passer efficacement un message.

Connaître

Étudier dans leur cadre disciplinaire des notions découvertes pendant la lecture du journal.

Réfléchir

La recherche du sens d'un article de presse qui traite toujours d'un sujet concernant la société et l'environnement peut donner lieu à une réflexion civique.
Tous les grands problèmes actuels peuvent être abordés, les enfants les traitant à leur niveau.

INTÉRÊT
Lire et produire efficacement.
Conduire une réflexion civique pour préparer le citoyen de demain.

Document d'appoint

Le chemin de l'information

À partir d'une illustration parue dans le quotidien *Les Dernières Nouvelles d'Alsace.*

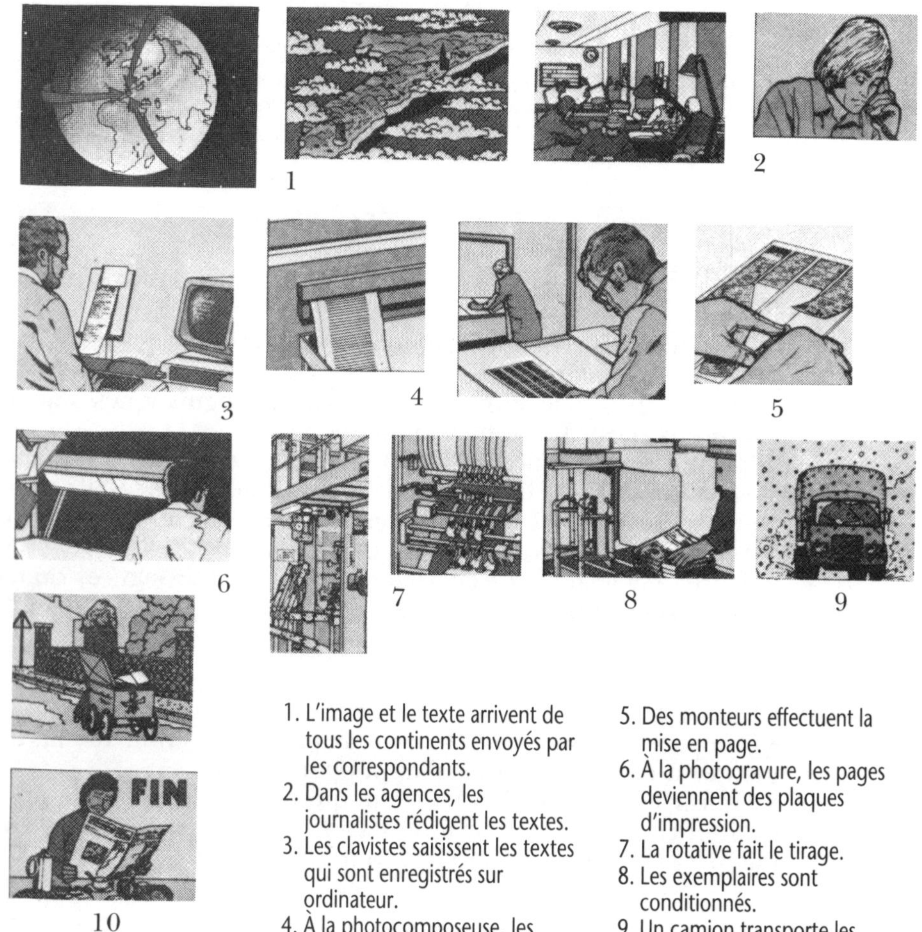

1. L'image et le texte arrivent de tous les continents envoyés par les correspondants.
2. Dans les agences, les journalistes rédigent les textes.
3. Les clavistes saisissent les textes qui sont enregistrés sur ordinateur.
4. À la photocomposeuse, les textes sont transformés en lignes et en colonnes et photographiés.
5. Des monteurs effectuent la mise en page.
6. À la photogravure, les pages deviennent des plaques d'impression.
7. La rotative fait le tirage.
8. Les exemplaires sont conditionnés.
9. Un camion transporte les journaux sur les lieux de vente.
10. Le matin, le lecteur découvre les nouvelles.

Moins de vingt heures se sont écoulées !

EN SYNTHÈSE 1

Traiter une information écrite inconnue

Acquis d'appui

Avoir des connaissances antérieures sur le sujet traité.
Maîtriser l'énonciation.
Savoir émettre des hypothèses sur le sens des contenus à partir des indices non linguistiques (mise en page, mises en valeur).
Avoir un capital de signes, de mots, de syllabes selon le niveau et posséder des connaissances sur la langue pour émettre des hypothèses à partir des indices linguistiques (à partir du CP).

SITUATION-PROBLÈME

Lire un article

Conseils

- choisir un article dont le sujet mobilise les enfants et sur lequel ils ont des connaissances;
- proposer un article dont les indices non linguistiques soient nombreux, pour les non-lecteurs;
- respecter la proportion des 80 % d'éléments connus: connaissances antérieures, indices non linguistiques, indices linguistiques pour que des hypothèses valables sur le non-connu puissent être émises;
- redéfinir l'acte de lire: chercher le sens du message et donc pouvoir répondre aux questions énonciatives: qui? à qui? de quoi? pourquoi?

Déroulement

- Laisser les enfants traiter librement l'information.
- Comparer les interprétations: chaque proposition est argumentée à l'aide des acquis d'appui personnels.
- Choisir un sens consensus: celui qui présente la plus grande cohérence entre l'énonciation, la mise en page, les mises en valeur et la mise en forme des contenus.

Conclusion

Le sens d'un message est approché quand les hypothèses émises sont vérifiées par la cohérence de la forme et des contenus avec l'énonciation.

à partir de

GS CP CE CM

Pour s'approprier l

SYSTÉMATISATI

Reproduction

S'entraîner à:

1. Mobiliser des connaissances anté pour avoir des attentes par rappo
   - association d'idées;
   - champ lexical, etc.
2. Émettre des hypothèses à partir d tiques pour rechercher le sens d' Vérifier ces hypothèses avec les él texte.
3. Mémoriser à long terme un capita des signes, des syllabes) et reco n'importe quel contexte.
4. Utiliser des connaissances sur le f langue comme indices d'accès au marques orthographiques et sy concordance des temps…

Conceptualisation

Lire et comprendre un article c'e
- exposer les données énonciative
- répondre à différentes question
- argumenter son interprétation;
- résumer l'article sans en dénatu
- apprécier la qualité de l'article contenus.

Si la mise en page, la mise en val d'écrit, la mise en forme du tex style sont en adéquation avec le de l'émetteur et la cible visée, alo les chances de bien passer.

à partir de

GS CP

Document d'appoint

Pour traiter rapidement l'information, les puces ● marquent des points d'appui possibles.
Genre : portrait
Type : descriptif donc importance des noms et des adjectifs

■ PATINAGE ARTISTIQUE

Mondial : Bonaly n'est plus seule

Début aujourd'hui des mondiaux de patinage artistique à Prague. Surya Bonaly devrait être sur le podium. Mais les chances françaises ne se limitent plus à celle qui est désormais dirigée par Alain Giletti. On compte aussi beaucoup sur Philippe Candeloro et Eric Millot

C'est évidemment Surya Bonaly qui retiendra, a priori, l'essentiel de l'attention en ce qui concerne les chances françaises d'obtenir une médaille lors des championnats du monde de patinage artistique qui débuteront aujourd'hui à Prague. Logique. Car la Frnaçaise, après ses désillusions des Jeux, a réussi à remarquablement remonter la pente. Preuve éclatante, son troisième titre européen obtenu en janvier à Helsinki. Avec un programme assoupli, toujours très physique mais considérablement amélioré sur le plan artistique.

Désormais dirigée par l'ancien champion du monde Alain Giletti, Surya n'ose pas franchement l'avouer mais s'imaginer en or ne lui semble plus utopique. Pas rancunier pour deux sous, son ancien entraîneur, Didier Gailhaguet ne doute d'ailleurs pas des chances de Bonaly: "*Un excellent niveau, un programme très au point qui plaît aux juges. Reste la stratégie à conduire, il faudra tenir compte de ce que font les adversaires.*"

Surya elle, demeure quand même discrète sur ses ambitions mais elle n'avait pas caché récemment que le podium était indispensable.

Pour le titre c'est autre chose. Paradoxalement faut-il souhaiter un couronnement pour la Française ? Didier Gailhaguet, directeur des équipes nationales, se pose sans détour la question: "*Un titre mondial nous comblerait mais une deuxième place mettrait Surya en position privilégiée dans l'optique des Jeux de Lillehammer en 94. Elle subirait moins de pression.*"

C'est vendredi et samedi que Bonaly défendra ses chances avec comme principales adversaires, l'Américaine Nancy Kerrigan, la Chinoise Chen Lu et l'Ukrainienne Oksana Baiul.

Réveil

Bonaly c'était prévu depuis longtemps. Ce qui l'était moins c'est de pouvoir actuellemnt afficher un certain sourire chez les messieurs. Depuis l'entrée en fanfare dans le gotha européen de la paire Philippe Candeloro et Eric Millot.

Tous deux éblouissants en Finlande avec respectivement de l'argent et du bronze. Candeloro c'est la foudre. un culot d'enfer, un punch de tous les diables. Revanchard au possible après qu'il eut été écarté de la sélection pour Albertville. Un patinage tout de brio et de panache. A 21 ans, il ne doute de rien.

Millot c'est la grâce. Fluidité et style. 24 ans, champion de France quasiment inamovible. Pour lui, les JO étaient intervenus un brin trop tôt (seulement 15e). Depuis, comme si une barrière morale qui le freinait était enfin tombée: Millot a pris pleinement conscience des immenses moyens.

A Prague, ils devront confirmer leur irrésistible ascension. Ils ont le talent nécessaire pour cela même face aux Canadiens Kurt Browning et Elvis Stojko, et à l'Américain Scott Davis.

Et pour ne rien gâter, pourquoi ne pas guetter une éventuelle surprise du côté des danseurs. Avec le couple Sophie Moniotte - Pascal Lavanchy qui méritait mieux qu'un 8e rang aux derniers championnats d'Europe.

Peu de doute, le patinage artistique français est en phase de plein réveil.

A.R.

Eric Millot: médaillé de bronze aux derniers championnats d'Europe, il tentera avec son compère Philippe Candeloro (argent à Helsinki) de jouer les trouble-fête aux mondiaux de Prague.

Le programme

▶ Aujourd'hui: danses imposées et couples (programme technique).

▶ Demain: messieurs (programme technique) et couples (libres).

▶ Jeudi: danse originale et messieurs (libres).

▶ vendredi: dames (programme technique) et danse libre.

▶ samedi: dames (libres).

Points d'appui :

- surtitre
- gros titre
- chapeau explicatif
- Attaque par la lettrine C
- image légendée
- intertitres
- chute : programme journalier annoncé par des flèches ▶
- changements typographiques

Autres repères : les blancs qui séparent les paragraphes dans le corps du texte.

TROISIÈME
PARTIE

Le journal scolaire
Un exemple de réinvestissement des acquis

Un nombre de plus en plus important d'écoles vivent l'aventure du journal scolaire.
En 1985 on en recensait plus de 1 500 et ce chiffre ne cesse de croître.
ATTENTION !
Tout imprimé doit être déclaré officiellement.
S'adresser au CLEMI – 391, rue de Vaugirard, 75015 Paris pour tout renseignement d'ordre législatif.

LE JOURNAL SCOLAIRE : POURQUOI ?

« Depuis une quarantaine d'années, le monde a subi une accélération tout à fait extraordinaire et inédite. La fin des grands empires colonisateurs, l'irruption du tiers monde sur la scène mondiale, le bouleversement total de l'Europe, le bond en avant des sciences et des techniques, la démographie surmultipliée et les courants migratoires qui érodent les frontières, la mise à sac des ressources naturelles et les dangereux déséquilibres écologiques qui s'ensuivent, la souveraineté de l'économisme intronisé en valeur absolue, l'omniprésence de l'image et le raccourcissement du temps et de l'espace, la matière enfin, maîtrisée mais non contrôlée... Tout cela, qui s'est produit en une seconde de la vie de la planète, pourrait donner le vertige. Et le donne... »

P. Tournemire, *Journal tricycle*, février 1992.

Pour aider l'enfant à se repérer, à se situer, à faire ses choix dans notre société qui se complexifie et pour lui permettre au plus vite de prendre des responsabilités dans son milieu, afin que son environnement n'évolue pas sans lui aujourd'hui et demain, l'étude des médias est indispensable et précède obligatoirement la production d'un journal scolaire.

Par la réalisation d'un journal scolaire, l'enfant comprend le fonctionnement et les enjeux des médias, participe effectivement à la vie sociale et se donne les moyens d'être reconnu.

Pour comprendre les enjeux des médias

La connaissance et la pratique du journalisme, la connaissances des filtres qui jalonnent le circuit de l'information depuis la saisie de l'information jusqu'à sa réception par le lecteur conduisent l'enfant :

- à être vigilant et critique face aux médias ;
- à connaître et à utiliser les rouages de la communication pour faire passer efficacement un message.

Pour participer à la vie sociale

Les comparaisons d'opinions, les débats, les échanges de points de vue, les recherches pour compléter l'information sur un sujet, les rencontres avec des personnes d'horizons divers, la connaissance d'un espace qui dépasse les limites du quotidien donnent à l'enfant la possibilité de se forger des idées sur le monde actuel, de les exprimer d'émettre des questions et font naître chez lui l'envie de diffuser ses pensées, ses propositions, hors de sa sphère immédiate : il devient alors un acteur de la vie sociale.

Pour être reconnu dans la société

La participation de l'enfant à la vie sociale serait illusoire si ceux qui reçoivent ses paroles se bornaient à un constat, sans prouver qu'ils prennent en considération ce qui leur est dit : une relation interactive doit s'établir entre l'enfant et son environnement.

Célestin Freinet, le créateur du premier journal scolaire en France l'avait compris.
C'est en 1920 que Freinet occupe son premier poste d'instituteur à Solèze, petit village du Sud de la France. Fort de la devise « on ne peut pas faire boire un âne qui n'a pas soif », sa carrière se consacre à donner l'envie de savoir à chaque enfant : il observe, met en confiance, essaie de comprendre les comportements, cherche les centres d'intérêt de chacun, écoute ou devine les vraies questions, s'efforce de connaître l'environnement dans lequel évolue l'enfant.
Alors qu'une course d'escargots spontanément organisée par les enfants remporte un vif succès, Freinet suggère des lectures et fait découvrir des notions grammaticales.
Mais l'intérêt suscité est tel qu'il sent qu'il faut aller plus loin : l'idée germe alors d'une enquête sur ces animaux.
La tâche se répartit entre détectives, journalistes, dessinateurs…

L'idée du journal est née.
Après les gastéropodes, différents sujets puisés dans le vécu des enfants sont proposés, entre autres une enquête sur le métier des parents.

La famille entre dans la vie de l'école : chacun a de quoi dire, se sent valorisé et reconnu.
Un soir de Noël, Freinet, qui répondait à une invitation du maire, découvre une vieille machine à écrire. Il tape et « la lumière fut ».
Il commande des lettres d'imprimerie et les enfants émerveillés découvrent l'intérêt fantastique de ce matériel.
Il manque une presse qu'un père d'élève, menuisier, fabriquera.
Techniquement tout est prêt mais quels contenus insérer ? Les reportages sont trop nombreux : il faut voter et parfois renoncer à sa production… Difficile…
Les articles sont choisis.
Le journal peut être tiré : *le premier journal scolaire est né !*

La sortie est un triomphe : on en parle dans les familles, au travail, au bistrot : on parle ainsi de soi, des enfants, avec les enfants, du village, de l'école, on commente, on s'étonne, on découvre, on communique, on est heureux !... et on attend le suivant !

D'après le film : *L'école buissonnière* de J.-P. Le Chanois.

QUAND PRODUIRE UN JOURNAL SCOLAIRE ?

Des conditions pédagogiques

À partir du moment où l'étude de la presse fait naître chez les enfants l'envie de produire un journal scolaire, ne pas attendre que toutes les conditions favorables soient réunies : c'est en produisant que l'on apprend à produire.
Cependant un bagage minimum est nécessaire sans lequel l'esprit du journal scolaire ne pourrait pas être respecté.

Le journal scolaire permet de se comporter en être de communication

Le journal scolaire est un projet, il est l'œuvre d'une équipe.
Les participants doivent savoir travailler ensemble et pour cela s'être appropriés des règles de la communication.
Le sens de la réalisation doit être perçu par chacun : il s'agit de rédiger en pensant aux lecteurs et dans le respect de l'information, de jouer un rôle civique en exprimant des points de vue, des questions, des propositions concernant la société.
Pour atteindre cet objectif, l'enfant doit manifester de la curiosité et de l'intérêt pour son environnement et pour les autres.
L'enfant doit être capable de prendre ses responsabilités par rapport à la tâche qu'il doit accomplir dans un temps et un espace déterminés à l'égard de ses écrits.
L'esprit critique doit s'exercer sur le travail accompli pour améliorer la qualité des contenus et de la forme.

Le journal scolaire permet de réinvestir des connaissances spécifiques à la presse

La lecture du journal doit toujours précéder la fabrication du journal scolaire pour que l'enfant possède les outils qui lui permettront de mieux faire passer son message :

- des connaissances sur les contenus de presse et leurs objectifs ;
- un savoir-faire :

- pour fabriquer l'objet journal,
- pour organiser les pages du journal,
- pour présenter les articles,
- pour rédiger des articles et les mettre en forme.

Le journal scolaire permet de réinvestir des connaissances interdisciplinaires.

La production écrite
La découverte progressive, au cours de la lecture des articles du journal, d'une grande variété dans les genres, les types d'écrits et les styles, adaptés à des situations d'énonciation très diverses, munit l'enfant d'une gamme étendue de choix pour ses productions écrites.

Toute discipline
Selon le sujet de l'article rédigé, celui-ci est l'occasion soit de réinvestir des acquis, soit de chercher des informations dans la (ou les) discipline(s) concernée(s).

Remarque

La fabrication du journal scolaire s'accompagne des préalables évoqués dans la première partie qui concernent la classe, l'école, l'équipe des maîtres.

Des conditions matérielles

Avant de se lancer dans la fabrication d'un journal scolaire, il est nécessaire d'établir un *budget prévisionnel* en estimant les frais à engager et les recettes à envisager. Il est bon que les enfants participent à l'établissement de ce budget.

En effet, c'est une forte motivation pour l'apprentissage de rudiments d'économie et la résolution de problèmes à dominante mathématique, surtout si la perspective de bénéfices laisse entrevoir des possibilités d'investissement dans le voyage ou la sortie, le matériel ou les documents dont les enfants ont envie.

Les dépenses prévisibles

L'achat des journaux
Un abonnement à 50 % peut être contracté par l'ARPEJ (Association régionale presse éducation jeunesse) qui prête des mallettes pédagogiques contenant une intéressante documentation.

Mais les exercices sur la presse ne nécessitent souvent pas les journaux du jour : il est possible de faire appel aux familles par dépôt anonyme, à d'autres écoles ou de commander des invendus dans les centres de presse (compter un délai de 2 à 15 jours).
Dans le cadre des « Initiatives des médias », durant « La semaine de la presse » :

- la plupart des titres de la presse régionale serviront quotidiennement les établissements inscrits,
- l'ARPEJ propose l'envoi d'une collection de journaux régionaux du même jour sur réservation,
- pour la presse nationale, les éditeurs participants fournissent des exemplaires gratuits de leurs publications dans les « paquets remise » destinés aux établissements scolaires de toute la France.

La fabrication du journal et l'impression
Les instruments usuels pour les travaux manuels sont utilisés.
Une machine à écrire ou un ordinateur avec traitement de texte et imprimante serviront à la saisie des articles.

La duplication
Un thermocopieur, duplicateur à alcool ou un photocopieur sont des outils employés pour la duplication.
Un LEP (lycée d'enseignement professionnel : certains sont spécialisés dans l'imprimerie), un centre de presse, une imprimerie municipale ou une structure de quartier peuvent assurer l'impression et/ou la duplication.

Le budget papier est fonction du nombre d'exemplaires prévu.

Extrait du journal scolaire
Cartable d'Avignon

Si cartable m'était conté

Ils étaient mille petits enfants
Qui travaillaient énormément
Ils ont tant lu et tant écrit
Qu'ils ont enfin journaux produits.

Pour entre eux bien communiquer
De télématique ils parlaient
Assez d'argent leurs maîtres n'avaient
Pour mettre au point ce grand projet.

Sur des moyens bien moins techniques
Mais tout aussi prolifiques
Sans se laisser décourager
Avec ardeur ils se sont penchés.

Accompagnés sur leur chemin
Par « Le Républicain Lorrain »
A l'informatique ont pensé
Pour textes et dessins créer.

De leurs nombreuses productions
Ils ont voulu faire édition
La Caisse d'Epargne vint à passer
Et de l'argent leur a donné.

Ils étaient mille petits enfants
Qui travaillaient énormément
Ils ont tant fait et tant œuvré
Qu'ils ont journaux distribués.

Violin Marie-Christine
Coordinatrice du projet
Ecole Normale de Metz
M. Bernadet
Inspecteur de Boulay

La recherche d'informations
Comptabiliser des frais de téléphone, de Minitel, de cassettes pour le magnétophone ou/et le camescope.
Des dépenses sont à prévoir pour l'achat des pellicules et le développement des photos.
Une somme est à inscrire pour les transports lors des sorties. L'achat de documents est à envisager: supports d'écrits divers, films, cassettes vidéo…

Les intervenants
Prévoir un intervenant professionnel – journaliste, photographe, publiciste… – qui acceptera peut-être de se déplacer à titre gracieux. Selon les articles, des personnes-ressources peuvent être appelées sur un sujet pointu, un conférencier est parfois souhaitable. Un spécialiste de l'animation des médias à l'école peut prêter son concours.

Dans le cadre des «Initiatives des médias», pendant «La semaine de la presse», des intervenants de la presse régionale se rendent dans les établissements et accueillent des classes.
Les journalistes se montrent particulièrement ouverts pour intervenir dans les classes dans la mesure des possibilités de leur emploi du temps.

Remarque

Ces dépenses ne sont pas engagées à la seule fin de fabriquer un journal scolaire puisque toutes les disciplines sont concernées.
Les CRDP (Centres régionaux de documentation pédagogique) et les CDDP (Centres départementaux de documentation pédagogique) peuvent être des supports logistiques et mettre leur matériel à la disposition des écoles.

Les rentrées d'argent envisageables

Par la vente du journal
Le prix fixé pour le journal dépend de critères spécifiques à chaque production: frais engagés, nombre de pages, nombre de lecteurs potentiels…
Des souscriptions préalables et des abonnements peuvent être proposés.

Par le dépôt de projets
Des projets de publication de journaux scolaires peuvent être déposés auprès de différents organismes et faire l'objet de financement.

- L'Education nationale :
- PAE : Projet d'action éducative
- FAI : Fonds d'aide à l'innovation
- FAS : Fonds d'aide à l'action sociale.

Par le partenariat
L'association des parents d'élèves, la mairie de secteur, le conseil général ou régional, la caisse d'allocations familiales, la caisse des écoles, les structures de quartier, les centres de presse et autres peuvent apporter leur concours.

Par le sponsoring
Le financement du journal scolaire par la publicité est possible sous certaines réserves*.

QUI PARTICIPE À LA FABRICATION D'UN JOURNAL SCOLAIRE ?

Des enfants de toutes les classes, quel que soit leur niveau, ont un rôle à jouer dans la fabrication d'un journal scolaire.
La répartition des tâches par compétences et/ou par intérêt est un moyen pour l'enfant de vivre fonctionnellement le décloisonnement et pour les maîtres de pratiquer une pédagogie différenciée, de réaliser un travail d'équipe et d'assurer une continuité pédagogique.

À partir du projet des enfants, des adultes – enseignants et partenaires divers – se mobilisent pour coordonner les actions et assumer des responsabilités qui ne peuvent pas incomber à des enfants. *Un organigramme* portant les noms des responsables des différents services sera remis à chaque participant.

Chaque membre qui adhère au projet devient co-auteur et co-responsable de sa réalisation : il devra strictement respecter *le calendrier* établi en commun pour les réunions, les remises d'articles, les dates d'impression et de sortie. Toutes les personnes impliquées dans la fabrication du journal scolaire doivent être en possession de ce calendrier.

* Pour tout renseignement législatif s'adresser au CLEMI :
Centre liaison enseignement moyen d'information – 391, rue de Vaugirard, 75015 Paris

Rôle des principaux collaborateurs du journal scolaire

Voici une grille possible des fonctions respectives :

	Fonctions	**Qui ?**	**Pourquoi ?**
Fabrication	Directeur et secrétaire	1 adulte et 1 cycle 3	- responsabilité législative - suivi des activités - promotion auprès des autorités de tutelle
	Rédacteur en chef	1 adulte ou/et 1 cycle 3	- coordonner des actions - relancer les idées - vérifier les échéances - proposer la hiérarchie des informations
	Journalistes	enfants de tous niveaux	collecte et/ou rédaction d'articles
	Illustrateurs	enfants de tous niveaux	
	Secrétaire de rédaction	1 adulte et 1 cycle 3	- rectification des articles - propositions pour les emplacements sur maquette
Partie technique	Maquettistes	2 à 3 enfants de niveaux divers	placement des articles sur la maquette dans le respect de l'équilibre et de l'harmonie des pages
	Imprimeur(s)	selon la formule choisie	
	Duplicateurs	selon la formule choisie	
Partie commerciale	Diffuseurs	des enfants de tous âges	chacun est responsable de la vente d'une dizaine d'exemplaires
	Responsables financiers	1 adulte et 2 à 3 enfants	établissement du bilan financier à partir des gains et des dépenses
	Promoteurs	4 à 5 enfants	promotion du journal dans l'école et dans l'environnement proche
Les tâches ne sont pas attribuées à titre définitif, mais par roulement en fonction des compétences de chacun.			

À QUI EST DESTINÉ LE JOURNAL SCOLAIRE ?

Le journal scolaire s'adresse le plus souvent à un « lectorat de proximité » composé

- d'enfants de l'école, d'autres écoles du secteur, de correspondants, d'amis ;
- d'adultes connus des enfants : les familles, des gens du quartier…

Ces lecteurs constituent les *cibles,* ils sont ceux pour qui le journal est écrit.
Le journal sera également consulté par les divers partenaires, les autorités de tutelle mais ils ne sont pas les principaux destinataires.
Avant de fabriquer un journal, il est intéressant de mener une enquête pour connaître les attentes du lectorat visé.
Cette enquête doit être anonyme pour favoriser la plus grande spontanéité des réponses.

Exemple de présentation d'une enquête :

Enquête préalable à la réalisation d'un journal scolaire Fréquence prévue de sortie du journal : Avis du lecteur :
Âge : Profession : Centres d'intérêt - Loisirs : - Autres : Rubriques attendues :

Le dépouillement permettra de déduire les attentes communes des lecteurs qui définiront les grandes lignes du journal.
Ces conclusions induiront :

- le nom du journal ;
- le ton du journal ;
- les rubriques.

Remarque

Les articles ne seront pas tous obligatoirement en liaison avec les souhaits des lecteurs.

DE QUOI PARLE UN JOURNAL SCOLAIRE ?

Les catégories d'informations

Les sujets traités dans le journal scolaire correspondent aux 3 grandes catégories que l'on retrouve dans tout quotidien.

Informer	Servir	Distraire

L'information

Pendant la réunion du comité de rédaction, le chef de rédaction :
- reçoit des propositions de sujets,
- choisit les informations à transmettre,
- propose des thèmes,
- confie des tâches.

Certaines informations ne dépendent pas de l'actualité et le lecteur les retrouve régulièrement dans des emplacements fixes :

-LA BOURSE-

HOROSCOPE

EN BREF

▶ INFORMATIONS

météo

La boîte aux lettres

Mais encore :
- citations, maximes ou proverbes ;
- le coin des livres (parutions) ;
- les menus de la cantine ;
- infos parents ;
- écho des écoles ;
- fête du jour commentée ;
- etc.

Certaines informations relatent des événements et le lecteur les découvre au gré de l'actualité. Ce sont :

- des événements de l'histoire personnelle, voyage, découverte, idée, lecture, rencontre intéressante, etc. ;
- des événements de l'histoire collective scolaire, écriture d'un livre, conférence, sortie, enquête, actions contre la faim dans le monde, etc. ;
- des événements de l'histoire collective extra-scolaire, réflexions sur l'actualité, propositions diverses…

Les services

Certaines rubriques ont pour but d'aider le lecteur dans sa vie pratique :

Mais aussi :

- des conseils divers sur la santé, pour conserver la ligne, pour élever des animaux familiers, etc. ;
- des numéros de téléphone utiles ;
- le rappel de dates importantes ;
- des critiques de théâtre, de films, de livres ;
- etc.

La distraction

MOTS FLÉCHÉS

JEUX

MOTS CROISÉS GÉANTS

PROVERBE CHIFFRÉ

Les mots à placer

Également :

- des jeux illustrés, rébus, trouver les différences entre 2 dessins apparemment identiques, compléter un dessin, etc. ;
- des résultats de jeux ;
- des concours divers, jeu du coup d'œil (reconnaître une image présentée sous un angle inhabituel), jeu de la phrase à découvrir, etc. ;
- des romans-feuilletons à suivre ;
- des romans-photos à épisodes ;
- des tests ;
- etc.

Le circuit de l'information

Les informations sont collectées

La recherche des informations doit être précédée d'une réflexion sur :

- le choix dans les faits présentés de l'événement qui intéressera le lecteur ;
- le souci de transmettre fidèlement l'information ;
- le respect du temps imparti pour l'arrivée de l'article au journal ;
- la prise en compte de l'espace réservé dans la maquette.

Le journaliste en herbe se comporte comme un vrai journaliste.

Les sources de l'information déterminent la répartition des tâches entre :

- ceux qui traitent les informations reçues : courrier des lecteurs, médias, publicités, communiqués des correspondants ;
- ceux qui vont chercher les informations sur le terrain ou dans des documents divers ;
- ceux qui illustrent l'information : photographe, dessinateur...

Voici comment *le Guide de la rédaction* (CFPJ) présente, à son tour, les principaux genres et leurs dérivés :

Billet – Court article de commentaire, généralement, sur un fait d'actualité, et caractérisé par une chute inattendue (humoristique, paradoxale, impertinente, etc.).

Brève (ou nouvelle brève) – Information sans titre sur un fait d'actualité, et répondant en un minimum de mots aux questions essentielles : qui ? quoi ? quand ? où ? – éventuellement comment ? et pourquoi ?

Chronique – 1. Article publié à intervalles réguliers, mais pas dans chaque numéro du journal, sur un thème (chronique littéraire, historique, philatélique...).
2. Commentaire libre, réflexions personnelles sur l'actualité, revenant à intervalles réguliers sous la signature d'un collaborateur, généralement renommé.

Communiqué – Texte transmis à la rédaction, pour publication, par une personne ou un organisme.

Compte rendu – Article d'information rendant compte, sans commentaire, d'un événement auquel le journaliste a assisté.

Critique – Article rendant compte d'un spectacle, d'un livre, etc. et dont l'auteur (le critique) donne son avis sur la qualité du spectacle ou du livre.

Dépêche – Information, article transmis par une agence de presse ou un correspondant.

Éditorial – Article prenant position sur un problème d'actualité et engageant la responsabilité morale de la direction et de la rédaction du journal.

Enquête – Article ou série d'articles partant d'une ou plusieurs questions sur un problème, et apportant une réponse, ou du moins des informations inédites, à partir de témoignages et documents recueillis à la source.

Feature – Article sur un sujet non lié à l'actualité immédiate. On dit parfois « papier magazine ».

Filet – 1. Ligne typographique séparant verticalement ou horizontalement les éléments d'une page.
2. Information titrée, courte mais plus développée que la brève, répondant aux questions qui ? quoi ? quand ? où ? comment ? pourquoi ?

Mouture – Réécriture dans le style « maison » d'informations venues des mêmes sources que le montage.

Portrait (ou profil) – Article ou émission dessinant la personnalité de quelqu'un à travers ses caractéristiques (biographie, déclarations, manière d'être, apparence physique...).

Reportage – Travail du journaliste sur les lieux mêmes du sujet de son papier. Article ou série d'articles vivants et colorés, rapportant sans commentaires explicites ce que le journaliste a vu, entendu, senti et ressenti.

Guide de la rédaction, CFPJ, extrait du lexique.

Les informations sont traitées

L'information étant choisie, elle doit désormais être transmise.

En pensant aux lecteurs potentiels, le journaliste doit adapter sa manière d'écrire au sujet traité et à l'objectif qu'il poursuit pour que le sens de son message ait des chances d'être perçu comme il le souhaite.

Pour cela, l'enfant-journaliste va réinvestir les acquis très diversifiés sur les genres journalistiques, les types de texte et les styles qu'il a découverts par la lecture du journal.

Les enfants qui ne savent pas écrire peuvent dessiner, transmettre leur message par la BD ou « utiliser » un scripteur aîné.

Les genres de textes sont souvent liés à la provenance des informations :

- les informations reçues donnent le plus souvent naissance à un éditorial, une nouvelle, un filet, un commentaire, un communiqué, une dépêche, une brève ;
- les informations cherchées sur le terrain donnent le plus souvent naissance à un reportage, un compte rendu, une interview, une critique, un portrait, une enquête ;
- les informations cherchées dans des documents donnent le plus souvent naissance à un portrait, une chronique, une enquête...

Les types de texte utilisés dépendent le plus souvent du genre choisi. Différents types de récit peuvent coexister dans un même texte.

Types	**Genres dominants**	**Schéma caractéristique des différents récits**
Narratif	- reportage - compte rendu	situation initiale / événements successifs / situation finale cohérente avec la situation initiale
Descriptif	- portrait - profil - billet	un objet / sa situation / ses qualités — des objets associés / leur situation / leurs qualités
Programmatif	rubrique vie pratique : recette, tricot, bricolage…	élément initial / des transformations dans un ordre déterminé / résultat final différent de l'élément initial
Explicatif	- faits divers - brève - dépêche - communiqué	cause(s) / un événement (ses circonstances) / conséquence(s)
Argumentatif	- publicité - texte de conviction	succession d'arguments au service d'un objet ou d'une idée

Le style : le vocabulaire, la syntaxe dépendent de l'énonciation et par conséquent doivent être adaptés au support, au genre et au type de texte.

Les informations sont présentées

Remarque : informer a pour signification première « mettre en forme ».

La mise en forme est la mise en scène de l'information et ce décor a pour objectif d'augmenter la *lisibilité** c'est-à-dire de permettre une lecture aisée, sans fatigue et sans ennui.
Un journal est d'abord *vu* avant d'être *lu* : c'est la lisibilité qui détermine chez le lecteur l'envie ou non de prendre connaissance de l'article.
L'équilibre général d'une page, son harmonie, naît de la répartition des surfaces des textes et des images, du choix et de l'emplacement des mises en valeur, des mises en page.

* *Manuel de typographie et de mise en page,* F. Richaudeau, Retz, 1989.

Cet ensemble doit avoir un *rythme* où les temps forts, « les accroches », imprègnent « automatiquement » la rétine.
En effet, un journal ne se lit pas intégralement de la première à la dernière page. Il est alors nécessaire, pour le journal, que le lecteur s'attarde sur les articles que le journal a choisi de privilégier. D'autre part il est nécessaire, pour le lecteur :

- de trouver aisément l'information qu'il recherche : par un ordonnancement régulier des informations et une identification rapide de l'article sélectionné grâce à une mise en page et une mise en valeur appropriées ;
- de pouvoir adapter sa stratégie de lecteur à son objectif : lire intégralement ou partiellement en s'appuyant sur des repères pertinents pour accéder au sens du message ;
- d'être aidé par la présentation pour s'approcher au plus près de la signification des écrits.

La forme doit être au service des contenus pour que le message passe au mieux :

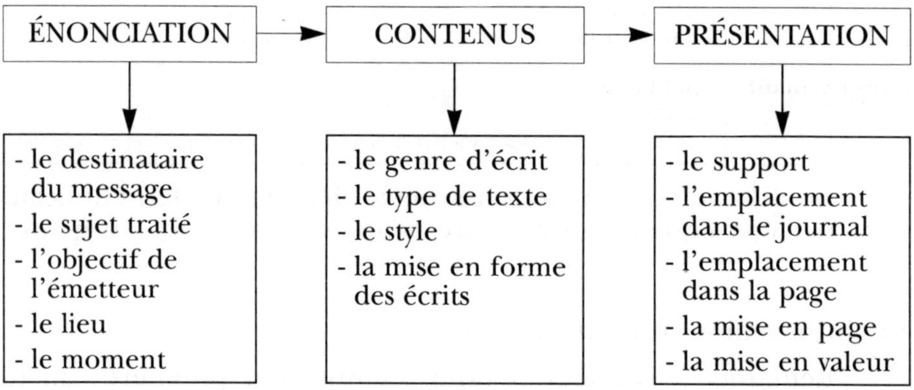

Un journal est agréable à lire si :

- les contenus sont variés ;
- les textes sont sans « coquille » ;
- la présentation est claire ;
- les illustrations sont bien choisies*.

Toujours demander une relecture à quelqu'un qui n'a pas participé à la fabrication du journal avant le tirage définitif.

* cf. Freinet : « Le fichier de techniques d'illustration du journal scolaire » diffusé par le CEL.

Les informations sont imprimées

Pour que les enfants se fassent une idée précise de l'impression d'un journal, rien ne vaut la visite guidée d'un centre de presse où l'atmosphère compte autant que ce que l'on voit.
Des documents complèteront la visite.
Pour chaque journal scolaire, les moyens d'impression et de duplication varient en fonction des moyens de l'école, des partenaires, des ressources de l'environnement : proximité et coopération d'un LEP, du CRDP, d'un centre de presse...

Les informations sont diffusées

Des *stratégies* doivent être mises en place.

Choisir le jour de la sortie du journal :
- profiter de la venue des parents dans l'école pour une réunion, une exposition ou autre ;
- ne pas être concurrencé par un autre événement ;
- ne pas faire coïncider cette date avec la veille des vacances.

Choisir le moment de la journée :
- proposer le journal à une heure d'affluence ;
- diffuser au même moment dans des points de vente différents.

Choisir le lieu :
Recenser les points de vente « stratégiques » : sortie des classes, grands magasins, commerçants du quartier...

Diversifier les modes de distribution :
- le portage qui peut se faire à la criée comme autrefois en lançant les gros titres ;
- le dépôt dans les boîtes aux lettres des abonnés ;
- le dépôt-vente chez les commerçants ou dans les grandes surfaces...

La campagne publicitaire du journal scolaire

Des *stratégies publicitaires* doivent être mises en place.

Pour faire acheter le journal
- Concevoir une « Une » accrocheuse ;
- créer des *attentes* par rapport au prochain journal : BD périodique, histoire à épisodes, roman-photo à suivre, feuilleton, réponses à des jeux dans le numéro suivant, résultats d'un son-

dage sur un thème mobilisateur, annonce du traitement d'un sujet dont une enquête auprès des lecteurs a montré l'intérêt général, concours, etc. ;
- rendre des *services*: menus de la cantine, planning des activités scolaires, conseils dans des domaines divers, petites annonces, bonnes adresses, publicité, nouveautés dans le quartier, etc. ;
- proposer des *souscriptions* et des *abonnements* avec participation à une loterie.

Pour promouvoir le journal

- compter sur le bouche à oreille promotionnel ;
- annoncer la sortie du numéro par des affichages dans le quartier, la distribution de prospectus dans les boîtes aux lettres ou dans la rue ;
- commenter la prochaine parution dans le numéro actuel ;
- élargir la publicité aux médias : radio et TV locales ;
- utiliser la presse régionale pour passer un avis de parution ou un commentaire sur le numéro à paraître ;
- contacter les structures de proximité : associations, clubs, maisons de retraite, hôpitaux ;
- offrir gratuitement un exemplaire à des acheteurs potentiels ;
- etc.

Le directeur est responsable de la coordination des actions de promotion et de la promotion élargie.

L'ÉVALUATION

L'évaluation permet de réguler, de modifier, de remettre en question, d'améliorer des aspects du journal, pour donner satisfaction aux lecteurs ainsi que la possibilité aux auteurs de progresser dans leurs aptitudes à transmettre des messages.

L'évaluation externe

Elle est constituée par les réactions des lecteurs qui n'ont pas participé à la fabrication du journal. Elle peut se faire de vive voix dans différentes occasions et, entre autres, au moment du portage, d'une manière spontanée ou par interview.
L'avis des lecteurs peut aussi être sollicité par écrit sous des formes différentes : lettre au comité de rédaction, boîte aux idées mise à disposition, courrier des lecteurs, enquête, sondage, questionnaire par voie de presse ou par courrier séparé.

L'évaluation interne

Elle est constituée par les critiques des auteurs du journal.

L'enfant évaluateur

Exemple d'appropriation d'une démarche :

Préciser l'objectif : fabriquer un journal facile à manipuler.

Définir les indicateurs de réussite : le journal sera réussi s'il ne glisse pas des mains, s'il ne tient pas beaucoup de place, si on peut le plier facilement, si les pages ne se détachent pas...

Répertorier les paramètres à prendre en compte pour atteindre l'objectif et qui ont été découverts lors de la manipulation du journal : format, épaisseur, mode d'attache des pages, qualité du papier...

Mesurer l'écart entre le résultat obtenu et l'objectif fixé : pas assez... trop... manque...

Analyser les causes des non-réussites.

Rechercher des moyens d'améliorer les résultats.
Ces données peuvent être regroupées dans une grille d'évaluation :

Objectif	Résultats attendus		Résultats obtenus	Analyse des causes de dysfonctionnement
	indicateurs de réussite	paramètres		
Fabriquer un journal aisé à manipuler	- ne glisse pas - peu encombrant - pages non libres - se plie facilement	- qualité du papier - format - mode d'attache - épaisseur		

D'autres grilles peuvent être fabriquées pour évaluer la forme et le contenu des articles, la réalisation technique, les résultats commerciaux. Selon le niveau des enfants, les grilles peuvent être proposées par le maître et commentées oralement par les enfants ou être réalisées par les enfants.

Les partenaires évaluateurs

Il s'agit ici des enseignants en particulier.
L'évaluation des enfants peut être pratiquée d'une manière formelle

par les résultats aux exercices proposés et en particulier ceux qui concernent la maîtrise de la langue écrite et orale, mais aussi d'une manière informelle par l'observation notamment de l'évolution des comportements: autre relation aux savoirs, affirmation de la personnalité, capacité à communiquer...

L'enseignant peut également évaluer ce que l'introduction de la presse apporte à son enseignement: une pédagogie en système, une approche transversale et interdisciplinaire des apprentissages, une élaboration de projets centrés sur l'apprenant, une pédagogie différenciée qui se met aisément en place grâce aux niveaux possibles d'utilisation du journal, enfin une grande qualité relationnelle avec les enfants par l'écoute de leurs vraies préoccupations.

Dans un groupe scolaire une équipe peut se constituer autour du projet presse qui favorise la continuité des apprentissages et plus spécialement la liaison maternelle-CP.
D'autre part, le travail avec les différents partenaires encourage les échanges de connaissances et de savoir-faire.

LE JOURNAL ET L'ENFANT

À l'issue du 2e cycle

L'enfant connaît les caractéristiques du journal, il sait quelles informations y trouver et comment les rechercher.
À son niveau, il traite et produit des informations par la maîtrise de l'énonciation.

Il utilise des procédés diversifiés pour la mise en page et la mise en valeur de textes et il a le souci d'harmoniser la présentation des écrits et leur contenu pour que son message passe au mieux.
Il est vigilant et critique face à l'information dont il a perçu les risques de déformations.
Enfin, l'enfant est devenu un être de communication qui a pris conscience de l'enjeu social du journal.

Pendant le 3e cycle et après

L'enfant approfondit ses connaissances et son savoir-faire dans le domaine spécifique de la presse et dans toutes les disciplines.

En particulier, la maîtrise progressive du fonctionnement de la langue lui donne la possibilité d'allonger, de complexifier, de diversifier ses écrits jusqu'au moment où, quelle que soit la situation d'énonciation, l'enfant est capable de faire passer efficacement son message.

Parallèlement, ses capacités critiques s'exercent plus finement sur la forme, les contenus et les relations entre les deux.

Mon Journal préféré

Les petits futés de Saint Just

REDACTEUR EN CHEF:Kenneth GUIDONI.
ADJOINT:Julien KHACHADOUR.
SECRETAIRES DE DIRECTION:Mathieu ROULLET;
Carole SIRE.
DIRECTRICE COMMERCIALE:Laetitia RASCA.
Attachées Commerciales:Claire ROBERT,Céline
EYNAUD,Stéphanie SILMAR.
DIRECTEUR DU SERVICE "INFORMATIQUE":Guillaume
FILLIAS.
DIRECTEUR du service "PRESSE":Dimitri WALTER.
SECRETAIRES service de"PRESSE:Sonia CANDROS,
Stéphanie GIRARDOT.
Service PROMOTION PUBLICITE:Fathi JEMAI.
CHef de FABRICATION(maquette):Maxime MOUTHOU.
PIGISTES(fabrication maquette):OUIDADE,NADEGE,
LAETITIA M,et ROSETTE;
DIRECTRICE de la rédaction et de la PUBLICATION
EVE SHMIT.

CONFERENCE de rédaction Le 21 MARS à la RECRE.

En conclusion

POUR LE MAÎTRE

La presse est un support intéressant pour exploiter des situations pédagogiques nouvelles et l'occasion d'instaurer des relations plus authentiques avec les enfants en recevant leurs vraies questions.

POUR L'ENFANT

L'introduction du journal à l'école, en complémentarité avec divers supports d'écrits scolaires et sociaux et avec les autres médias, exerce une forte attraction car les thèmes abordés sont enracinés dans son vécu quotidien.

Les activités autour de la presse sont étroitement liées aux apprentissages fondamentaux qu'elles stimulent et facilitent, la diversité des sujets abordés trouvant un écho dans toutes les disciplines.

Par la richesse de ses informations, le journal est un outil de lutte contre l'inégalité sociale.

L'étude de la presse permet à l'enfant d'organiser les nombreuses informations éparses qui lui parviennent quotidiennement et la production d'un journal donne à l'enfant la possibilité de s'intégrer et d'être reconnu dans la société.

Enfin, la presse est un moyen privilégié d'aider chaque enfant à se constituer les pouvoirs nécessaires pour choisir en toute connaissance de cause la traduction, dans un temps et un lieu donnés, de la démocratie.

BIBLIOGRAPHIE

Pédagogie générale

Breton Belmont-André : n° 4 INRP — *Projet d'école : apprendre par la participation et la concertation.*

Charmeux, Evelyne : Ed. Milan, 1987 — *Apprendre à lire : échec à l'échec.*

CRESAS. : Ed. ESF — *Naissance d'une pédagogie différenciée interactive.*

De Peiretti : Ed. Larousse — *Pour une école plurielle.*

Meirieux : Ed. ESF — *Enseigner : scenario pour un métier nouveau.*
Ed. ESF : *Apprendre oui mais comment ?*

Ouvrages sur la presse

Freinet – BT : *Le journalisme.*

Gonnet, Jacques : Ed. Retz, 1988 — *Journaux scolaires et lycéens.*

Martin – Lagordette : Ed. Syros — *Les secrets de l'écriture journalistique.*

Spirlit : ARPEJ — *Utiliser la presse à l'école.*